A FRANÇA CONTRA OS ROBÔS

Copyright © Le Castor Astral, 2009
Copyright da edição brasileira © 2018 É Realizações
Título original: *La France Contre les Robots*

Editor
Edson Manoel de Oliveira Filho

Produção editorial
É Realizações Editora

Diagramação, capa e projeto gráfico
Nine Design Gráfico | Maurício Nisi Gonçalves

Preparação de texto
Lucia Leal Ferreira

Revisão
Geisa Oliveira

Reservados todos os direitos desta obra. Proibida toda e qualquer reprodução desta edição por qualquer meio ou forma, seja ela eletrônica ou mecânica, fotocópia, gravação ou qualquer outro meio de reprodução, sem permissão expressa do editor.

CIP-Brasil. Catalogação na Publicação
Sindicato Nacional dos Editores de Livros, RJ

B444f

    Bernanos, Georges, 1888-1948

        A França contra os robôs / Georges Bernanos ; prefácio Pierre-Louis ; pósfácio Sebástien Lapaque ; tradução Lara Christina de Malimpensa. - 1. ed. - São Paulo : É Realizações, 2018.
256 p. : il. ; 23 cm.

    Tradução de: La France contre les robots
    ISBN 978-85-8033-317-6

    1. França - Civilização. 2. Características nacionais francesas. I. Malimpensa, Lara Christina de. II. Título.

18-47894   CDD: 914.4
                                                                                 CDU: 94(44)

Antonio Rocha Freire Milhomens - Bibliotecário - CRB-7/5917
22/02/2018   22/02/2018

É Realizações Editora, Livraria e Distribuidora Ltda.
Rua França Pinto, 498 · São Paulo SP · 04016-002
Caixa Postal: 45321 · 04010-970 · Telefax: (5511) 5572 5363
atendimento@erealizacoes.com.br · www.erealizacoes.com.br

Este livro foi impresso pela Gráfica Paym em abril de 2018. Os tipos são da família Adobe Garamond e Kozuka Gothic. O papel do miolo é Lux Cream 70g, e o da capa, cartão Ningbo Star C2 250 g.

A FRANÇA CONTRA OS ROBÔS

GEORGES BERNANOS

Prefácio: Pierre-Louis Basse
Posfácio: Sébastien Lapaque

Tradução: Lara Christina de Malimpensa

SUMÁRIO

Prefácio – Um Homem Livre de *Pierre-Louis Basse* 7
Introdução de *Georges Bernanos* 11

PRIMEIRA PARTE – A FRANÇA CONTRA OS ROBÔS

1. 19
2. 25
3. 35
4. 43
5. 51
6. 65
7. 91
8. 101

SEGUNDA PARTE – TEXTOS INÉDITOS

Conferências e Entrevistas no Brasil 113
Cartas Inéditas 173
Notas e Variantes 201

Posfácio – *A França Contra os Robôs* ou o sermão aos imbecis
   de *Sébastien Lapaque* 221
Posfácio de *Albert Béguin* 243

PREFÁCIO
Um Homem Livre

Dir-se-ia que, com Bernanos, a febre nunca chega a baixar. A temperatura do livro não para de dar saltos espetaculares. Mergulhamos na leitura, e é nossa adolescência, febril, exigente, que carregamos a tiracolo desde a primeira frase: "A raiva dos imbecis satura o mundo". Essa foi a bandeira da nossa juventude – e ela ainda flutua, aqui e ali, para os mais temerários entre nós. No entanto, milagre à moda de Bernanos: pensávamos que *Os Grandes Cemitérios sob a Lua* nos havia maravilhosamente saciado, do ponto de vista daquele que assiste ao desmoronamento de uma civilização – sem contar os covardes e os imbecis, que sempre sabem se servir em meio às ruínas. Mas eis que o próprio George Orwell parece envelhecer subitamente diante de *A França Contra os Robôs*. Que os novos situacionistas se entreguem depressinha a esta leitura. Ficarão de queixo caído com tudo que fervilhava na mente de Bernanos no outono de sua vida. É um homem no exílio que publica estas páginas em janeiro de 1945. Um homem que sofreu as consequências de sua recusa obstinada de uma *revolução nacional* que seduzira muita gente. Não temam pelos traidores, eles saberão trocar de camisa como quem pula de galho em galho. A propósito desses aventureiros da política, aliás, não se diz habitualmente em nossas democracias – até com certa pitada de afeto – que eles são "macacos velhos"? A luz se põe sobre a figura de Bernanos e ilumina o que resta de dignidade, de potência e de inteligência nos porões de uma nação que desmorona. Bernanos escreve como um peso-pesado que, no ringue, descobre estar arriscando muito mais do que a própria vida. O futuro de uma civilização? Nosso futuro? Então ele esmurra. E esmurra sem dó. Esse sujeito desfere seus golpes enquanto outros preferem ignorar as nuvens escuras que se aproximam. O futuro, tão comprometido, observa Bernanos. Haveria, no entanto, motivos para celebrar: Hitler foi derrotado e as grandes nações – Inglaterra, Estados Unidos, Rússia, França – já ganham com isso. Calemo-nos, porém. Escutemos antes a voz de Bernanos. "Mas o sistema não mudará o curso de sua evolução pela simples razão de que já não evolui; apenas se organiza no intuito de durar um pouco mais, de sobreviver." Que a alta tecnologia – com suas fábricas e seus venenos aterrorizantes – tenha generosamente contribuído para concretizar Auschwitz, assim como mais tarde concretizaria o Vietnã, é algo que ninguém discute. Amanhã, porém, o que faremos com esta paz? Que lugar haverá para o indivíduo, esmagado pela "Meca do capitalismo universal" ou bem enrolado pelo império marxista e suas "dominações soviéticas"? Peso minhas palavras. Se ainda houver tempo, se a desonra de um país não erigir maliciosamente diante de nós alguns exércitos de censores, entreguemos estas páginas às escolas, a fim de que nossos filhos e netos façam delas um uso salvador. De fato, cada dia que passa nos aproxima pouco a pouco de um poço de ignorância capaz de engolir uma França que foi a de Chambord, Rousseau e Voltaire. Lembre-se, leitor, como quem esfrega os olhos: uma França, brada Bernanos, onde se sabia mesclar "a tradição, o espírito e a alma do nosso povo". E se Bernanos nos lembra que somos um povo revolucionário, não é tanto para evocar o sangue de uma revolução, mas tudo que fez dela um instante de compartilhamento e liberdade, em uma noite que não acabava mais. Até a linguagem, que os viajantes disputavam encarniçadamente entre si. Qualquer um que percorra a plataforma de uma estação estrangeira ficará sem saída se falar um francês atualmente ignorado por todos.

Há poetas que, aos vinte anos, já disseram tudo. Viagens longínquas e algum tráfico de armas ou de ópio conseguiram distraí-los de um mundo que esgotaram no lapso de uma adolescência. Outros envelhecem, tranquilos, na Academia Francesa. Bernanos se preocupou sobretudo com o essencial. Aquelas coisas simples, terríveis, e que se assemelham à expressão do bom senso. Buscar gordura em suas frases é como buscar agulha em palheiro. É indiscutível que suas ideias estão no lugar. E que o ritmo que as impele faz de nós um bando de retardatários. É isso que ocorre com os que enxergam antes dos outros. Com Bernanos, ganha-se tempo e, ao mesmo tempo, fica-se tristemente convencido de já havê-lo perdido demais. Com punhos de ferro, ele domina tudo. E oferece-nos, com luvas de pelica, a flexibilidade da escolha. É nossa última chance. Ao menos pelo inferno seremos responsáveis. Em *A França Contra os Robôs*, é melhor afivelar o cinto de segurança. O último foguete que Bernanos envia do Brasil se parece bem pouco com um pitoresco cartão-postal. É um foguete e tanto, de três estágios. Bem embaixo se encontra aquele alicerce comum a dois sistemas que haviam jurado se odiar por mil anos. Bobagem continuarmos a festejar ingenuamente, duas décadas depois – no momento em que escrevo estas linhas – a queda do muro de Berlim. Parece até que Bernanos previra tudo isso. O muro, e depois sua queda. "Capitalistas, fascistas, marxistas, toda essa gente se parece. Uns negam a liberdade, outros fingem ainda acreditar nela; mas, quer acreditem nela, quer não, isso infelizmente deixou de ter grande importância, visto que já não sabem usá-la." Liberdade, ainda escrevo teu nome.[1] Um sujeito que retorna de sete anos de exílio – por ter dito umas verdades a Pétain – deve saber do que se trata quando a questão é evocar a liberdade. Mas, sobretudo, meu Deus, o que fizemos com ela ao longo do tempo? O legislador hoje nos diz que uma câmera atrás de cada poste da cidade é uma proteção contra os criminosos. E ninguém – perfeitamente: ninguém – se mexe. Vejo apenas um, ao longe, robusto e corajoso,

---

[1] Alusão ao poema "Liberté" ["Liberdade"], do poeta francês Paul Éluard (1895-1952). (N.T.)

cujas palavras constituem o cimento do centro do foguete. Será preciso relembrar o leitor de que estas palavras foram escritas mais de sessenta anos atrás? Transparência e liberdade, eis o segundo estágio do foguete: "Não está longe o dia, talvez, em que nos parecerá tão natural deixar a chave na fechadura – para que a polícia possa entrar em nossa casa dia e noite – quanto abrir a carteira diante de qualquer requisição". Francês, mais um esforço...[2] Vamos nos despedir falando de máquinas, maneira simbólica de voltar ao título deste livro, que tanto nos machuca. Releremos este livro certas noites de inverno, convencidos de que o silêncio nos desertou para sempre, de que os ônibus ressoam enfim com tagarelices infames coladas aos tímpanos universais, de que o íntimo desapareceu, de que o homem, desta vez, já não se pertence. Recordaremos nessas noites de melancolia os homens e as mulheres que preferiram acabar com sua vida, lembrando-nos que o trabalho e a produção não deveriam necessariamente rimar com humilhação.[3] E é com raiva que recordaremos o que Bernanos nos murmurava a propósito dessa liberdade abandonada pelo caminho: "Eu gostaria de ter por alguns segundos o controle de todos os aparelhos de rádio do planeta para dizer aos homens: 'Atenção! Cuidado! A liberdade está aí, à beira da estrada, mas vocês passam por ela sem olhar para o lado'".

Pierre-Louis Basse

---

[2] Assim começa o título de um capítulo da obra *La Philosophie dans le Boudoir*, do Marquês de Sade. (N.T.)

[3] Referência provável à onda de suicídios em grandes empresas francesas ocorridos sobretudo nos anos 2008 e 2009. (N.T.)

INTRODUÇÃO

Meu caro amigo, é a você e a sua valorosa esposa que dedico estas páginas, as últimas que escreverei no Brasil, após sete anos de exílio. Digo sete anos – talvez seja melhor relembrá-lo de imediato –, pois foi em 1938 que deixei meu país; digo sete anos de exílio porque, após Munique, tivesse eu permanecido na França, teria sido um exilado lá também.

Já faz muito tempo que nos conhecemos, Rendu, e, no entanto, esta é a primeira vez que me ocorre dizer publicamente o que penso a seu respeito. Nos quatro volumes de *Chemin de la Croix-des-Âmes* [O Caminho da Cruz das Almas], seu nome não é citado uma única vez. Até hoje eu nunca havia pensado nessa anomalia, e tampouco você, provavelmente. Quando dois bons operários trabalham lado a lado, cada qual pensa na própria tarefa, pois sabe que a do vizinho será realizada tão conscienciosamente quanto a sua. Pois bem, Rendu, eis a homenagem que eu gostaria de lhe prestar, antes de mais nada. Sei o que é o trabalho, o verdadeiro, não o trabalho de amador. Você é um bom operário, Rendu. E sua cara esposa é também uma boa operária; vocês formam, juntos – como teria dito Péguy –, um casal operário e tanto. E isso, precisamente, não é do agrado de todos. Ter-lhes-iam perdoado o fato de dar ao nosso país uma mercadoria barata, de segunda, e vocês lhe forneceram, ao contrário, o que a boa gente de nossa terra chama de coisa sólida, coisa de primeira, feita com ferramentas de verdade, ferramentas fortes e leais, que tinham o peso que deviam ter. É claro, quando um infeliz, acometido por aquela curiosa espécie de anemia moral que leva o nome de pétainismo, por aquele estranho desbotamento da consciência – a doença das consciências pálidas –, vem perturbá-los em seu trabalho e se aproxima demais do banco de carpinteiro, e a sra. Rendu, maliciosamente, deixa-lhe cair a ferramenta nos pés, o pobre diabo vai embora furioso. Azar do pobre diabo! Azar dos desbotados! Consideramos que seu desbotamento crônico já custou caro à França. Foi por eles, pela saúde deles, que ela compareceu a Munique. Teria podido muito bem poupar-se da viagem, porque dois anos depois os desbotados estavam mais desbotados do que nunca: nem a vergonha do armistício foi capaz de lhes devolver alguma cor. A França vai se ocupar deles mais tarde. Claro, não duvidamos de que nosso país retomará um dia seu lugar tradicional à frente da civilização – ou do que dela restar, do que as conferências tiverem poupado dela; mas ele ainda tem um longo caminho a percorrer, e quando se parte para uma estirada, evitam-se os molengões e achacadiços.

Caro amigo, ao me dirigir a você penso em todos que realizaram, nesta América do Sul da qual me despeço, um trabalho semelhante ao seu. Saúdo-os com todo o meu coração. Vocês eram, em sua maioria, homens tranquilos e laboriosos, afeiçoados a sua profissão, a seu negócio, a sua família, e geralmente pouco preocupados com política. A notícia do armistício os abateu de estupor, para logo inflamá-los de raiva. Vocês não discutiram o armistício, vocês se recusaram a entrar nas pretensas razões do armistício. Seus adversários se aproveitam disso para acusá-los de intransigência, e até de fanatismo. Assim ludibriaram certo número de ingênuos que, no intuito de apaziguar a própria consciência, não desejavam outra coisa exceto acreditar que vocês tinham os olhos ofuscados pela paixão. Isso porque os piores inimigos de vocês – os inimigos da obra que vocês realizavam – não eram os que punham em dúvida o seu altruísmo, a sua sinceridade, mas os que fingiam homenagear "suas ilusões generosas". As "ilusões generosas"! Todos sabem o que essas duas palavras significam hoje, traduzidas em dialeto *yankee*. Não se podia dizer mais claramente que éramos uns imbecis. Pois bem, Rendu: quando você e seus amigos se recusaram a entrar nas razões do armistício, não foi em absoluto porque receavam ser convencidos. Vocês se recusaram a entrar nessas razões porque elas não valiam um tostão. O que vocês opunham à desonra era, antes de mais nada e acima de tudo, o bom senso – um julgamento reto. Mas essa palavra, *reto*, não sugere outra? Não se poderia ser a um só tempo reto e torto. Quem diz *reto*, diz também inflexível, não é? Vocês eram o bom senso inflexível. Num momento em que a maioria dos valores brilhantes revelava bruscamente sua impotência e sua maleficência, ameaçando-nos assim com uma falência espiritual mil vezes mais desastrosa que a falência militar, a França se voltou para vocês, para o bom senso popular, como um homem pressionado por todos os lados se encosta à parede para enfrentar. Vocês opunham o Bom Senso ao Realismo. Se houvesse apenas sem-vergonhas no mundo, o Realismo seria também o Bom Senso, porque o Realismo é justamente o bom senso dos sem-vergonhas. Quando, no tempo de Munique, Jean Cocteau bradejava: "Viva a paz vergonhosa!", provava uma vez mais que o Realismo é apenas uma exploração, uma deformação do real, um idealismo às avessas. De fato, não existe paz vergonhosa. Não existe verdadeira paz na vergonha. Uma paz injusta pode, ao menos momentaneamente, dar frutos úteis, enquanto uma paz vergonhosa será sempre, por definição, uma paz estéril. O bom senso e a honra estão de acordo nesse ponto, e nada mais natural! Afinal, a honra não é, em parte, para o bom senso, o que a Santidade é para a Virtude? A honra não é o bom senso no grau mais eminente? O bom senso e a honra juntos, eis o que sempre constituiu o alicerce da grandeza francesa, eis o princípio de toda união nacional. Os imbecis de Vichy acreditaram-se muito espertos ao opor o bom senso à honra, mas a honra e o bom senso acabaram por se reunir e formar uma mistura detonadora que explodiu bem no traseiro de cada um. E até hoje eles esfregam as nádegas.

Caro amigo, no momento em que escrevo estas linhas nosso governo acaba de honrá-lo, honrando em sua pessoa todos aqueles que, espalhados por esta imensidão latino-americana, aguentaram firme como você. A condecoração que você recebeu tem uma imensa vantagem sobre as outras: por ter sido instituída há pouco tempo, ainda não está muito usada. Mas você, Rendu – se me permitem arriscar esta espécie de trocadilho –, já foi muito usado, já teve bom uso, já serviu muito bem a França. Digo a França: a França de ontem e a de amanhã, a França imortal. Porque essa França de hoje, à qual pertencemos primeiramente pela carne, porque nela nascemos, porque ainda não acabamos de nela morrer, é a França, sem dúvida, mas uma França em que se encontram estreitamente mesclados o bom e o ruim, o perecível e o imperecível. Você se empenhou em servir a parte imperecível da França de hoje. Um serviço que não é falto de decepções. Você aceitara antecipadamente essas decepções. A França perecível, a das combinações políticas e partidárias, destinada a desaparecer ao mesmo tempo que as gerações que a constituem, ter-lhe-ia pedido muito menos sacrifícios e oferecido lucros consideráveis; mas não importa! Os acontecimentos lhe deram razão, deram razão a você e à honra. Isso deveria encerrar o debate. Infelizmente, não foi nem a você nem à honra que seus antigos adversários se aliaram; aliaram-se apenas ao sucesso, a fim de tirar proveito dele. Já os vemos explorar cinicamente suas ideias e suas formulações. Deformam-lhes o sentido, falseiam-lhes o espírito. Ah! é claro! Desejamos tanto quanto qualquer um a união dos franceses; eu não gostaria de retardá-la um único dia, uma única hora. Existe, porém, uma coisa mais preciosa que a união: os princípios em nome dos quais nos unimos.

Caro Rendu, nem você nem seus amigos jamais se recusaram a acolher aqueles que, reconhecendo seus erros e a necessidade de repará-los, se dirigiram a você com franqueza. No entanto, você deve continuar a rechaçar a insolente pretensão dos traidores, dos covardes ou dos imbecis, que somente reivindicaram a união para tentar confiscá-la em proveito próprio, a fim de excluí-lo dela. De fato, eles não lhe pedem que esqueça ou desculpe seus erros. Exigiriam antes que você justificasse tais erros em detrimento próprio, à custa da verdade. E isso é precisamente o que você não poderia fazer sem trair a missão que recebeu. O espírito do armistício e o da colaboração compõem um único e mesmo drama, o da consciência nacional, obscurecida pelo engano. A lealdade inflexível de homens como você dissipou esse engano. É preciso evitar que ele reapareça um dia, sob esta ou aquela forma, na consciência dos futuros francesinhos.

Georges Bernanos

PRIMEIRA PARTE

A FRANÇA CONTRA OS ROBÔS

1

5 de janeiro de 1945

Se o mundo de amanhã se assemelhar ao mundo de ontem, a atitude da França será revolucionária. Quando nos atemos a certos aspectos da situação atual, essa afirmação pode parecer muito audaciosa. No próprio instante em que escrevo estas linhas, os rivais poderosos disputam entre si, sobre o cadáver das pequenas nações, o futuro império econômico universal; já acreditam poder abandonar, com relação a nós, aquela antiga política de expectativa, que, aliás, sempre foi a dos regimes conservadores diante das revoluções nascentes. Dir-se-ia que uma França liberta do inimigo os preocupa muito menos do que uma França prisioneira, misteriosa, incomunicável, sem olhos e sem voz. Eles se esforçam, se apressam em nos fazer entrar no jogo – isto é, no jogo da política tradicional do qual conhecem todos os expedientes e no qual estão seguros de, cedo ou tarde, levar a melhor, calculando os trunfos que ainda lhes restam e os que nós perdemos. É bem possível que tal manobra retarde por um tempo assaz prolongado os acontecimentos que anuncio. É bem possível que entremos num novo período de calmaria, de recolhimento, de trabalho, em prol do qual serão utilizados os serviços do ridículo vocabulário – a um só tempo cínico e sentimental – de Vichy. De fato, existem muitas maneiras de aceitar o risco da grandeza, mas só uma, infelizmente, de recusá-lo. Mas que importa! Os acontecimentos que anuncio podem ser retardados sem prejuízo. Devemos até prever com muita calma um novo deslocamento dessa massa informe, desse peso morto que foi a pretensa Revolução

Nacional de Vichy. As forças revolucionárias nem por isso deixarão de se acumular, como os gases no cilindro, sob uma pressão considerável. Seu escape, no momento da deflagração, será enorme.

Para nós, franceses, a palavra *Revolução* não é uma palavra vaga. Sabemos que a Revolução é uma ruptura, a Revolução é um absoluto. Não existe revolução moderada, não existe revolução dirigida – como se diz, também, *economia dirigida*. Isso que anunciamos se fará contra a totalidade do sistema atual, ou não se fará. Se pensássemos que este sistema é capaz de se reformar, que ele pode romper por si mesmo o curso de sua fatal evolução para a Ditadura – a Ditadura do dinheiro, da raça, da classe ou da Nação –, certamente nos recusaríamos a correr o risco de uma explosão capaz de destruir coisas preciosas, que só se reconstroem com muito tempo, perseverança, altruísmo e amor. Mas o sistema não mudará o curso de sua evolução pela simples razão de que ele já não evolui; apenas se organiza no intuito de durar um pouco mais, de sobreviver. Longe de pretender resolver suas próprias contradições, provavelmente insolúveis, aliás, parece cada vez mais disposto a impô-las pela força, graças a uma regulamentação cada dia mais minuciosa e mais estrita das atividades particulares, estabelecida em nome de uma espécie de socialismo de Estado – forma democrática da ditadura. De fato, cada dia nos traz a prova de que o período ideológico foi ultrapassado há muito tempo, tanto em Nova York como em Moscou ou em Londres. Vemos a Democracia imperial inglesa, a Democracia plutocrática americana e o Império marxista dos domínios soviéticos, se não caminhar de mãos dadas – longe disso! –, ao menos perseguir o mesmo objetivo, isto é, manter a qualquer custo, nem que seja pela aparência de combatê-lo, o sistema no interior do qual todos eles conquistaram riqueza e poder. Isso porque, no fim das contas, a Rússia não tirou menos proveito do sistema capitalista do que os Estados Unidos ou a Inglaterra; desempenhou o papel clássico do parlamentar que faz fortuna na oposição. Em suma, os regimes outrora opostos pela ideologia estão agora estreitamente unidos pela técnica. De fato, até mesmo o último dos imbecis consegue entender que as técnicas dos governos em guerra só se diferenciam por insignificantes particularidades, justificadas pelos hábitos, pelos costumes. Trata-se sempre de assegurar a mobilização total para a guerra total, enquanto não vem a mobilização total para a paz total. Um mundo ganho para a Técnica está perdido para a Liberdade.

Ao falar assim, não me preocupa escandalizar os espíritos fracos que, às realidades, contrapõem palavras já perigosamente esvaziadas de sua substância, como, por exemplo, a palavra *Democracia*. Que importa! Se vocês são covardes demais para encarar este mundo de frente a fim de vê-lo tal como é, desviem os olhos, entreguem os punhos para suas correntes. Não se tornem ridículos pretendendo nele enxergar algo que só existe em sua imaginação ou no palavrório dos advogados. E, sobretudo, não cometam a infâmia de prostituir-lhe a palavra *revolução*, essa palavra religiosa, essa palavra sacra, encharcada por séculos no sangue dos homens. Não lhe prostituam tampouco a palavra *progresso*. Jamais um sistema foi tão fechado quanto este, ofereceu menos perspectivas de transformação, de mudança; e as catástrofes que nele se sucedem com uma regularidade monótona só revestem precisamente esse caráter de gravidade porque se desenrolam de modo isolado. Quer se intitule capitalista, quer socialista, este mundo está fundado em certa concepção do homem, compartilhada pelos economistas ingleses do século XVIII, assim como por Marx e Lênin. Por vezes se disse, sobre o homem, que ele era um animal religioso. O sistema o definiu de uma vez por todas como um animal econômico, não apenas o escravo, mas o objeto, a matéria quase inerte, irresponsável, do determinismo econômico, e sem esperanças de emancipar-se dele, visto que não conhece outro móbil certeiro além do interesse, do lucro. Cravado em si mesmo por seu egoísmo, o indivíduo agora aparece como uma quantidade insignificante, submetida à lei dos grandes números; só se poderia pretender empregá-lo em massa, graças ao conhecimento das leis que o regem. Assim, o progresso já não está no homem, mas na técnica, no aperfeiçoamento dos métodos capazes de propiciar uma utilização cada dia mais eficaz do material humano.

Essa concepção – repito – está no alicerce de todo o sistema e facilitou imensamente a implantação do regime, ao justificar os lucros hediondos de seus primeiros beneficiários. Há 150 anos, todos os negociantes de algodão de Manchester, a Meca do capitalismo universal, que faziam trabalhar em suas fábricas, dezesseis horas por dia, crianças de doze anos – mantidas acordadas até altas horas da noite pelos golpes de vara dos contramestres –, dormiam, no entanto, com a Bíblia embaixo do travesseiro. E quando lhes acontecia de pensar nesses milhares de miseráveis que a especulação sobre os salários condenava a uma morte lenta e garantida, diziam a si mesmos que nada se podia fazer contra as leis do determinismo econômico, estabelecidas pela vontade da Santa Providência – e glorificavam o bom Deus que os enriquecia... Os negociantes de algodão morreram faz tempo, mas o mundo moderno não pode renegá-los, pois foi engendrado por eles, material e espiritualmente; é filho deles no Realismo – naquele sentido em que São Paulo afirma, ao escrever para o discípulo Timóteo, que este é seu filho na graça. Seu realismo bíblico, que se tornou ateu, conta agora com métodos mais racionais. O gênio americano resolve diferentemente deles a questão dos salários; mas é preciso reconhecer que, em sua época, não havia risco de escassez de material humano: atrevo-me a dizer que bastava então se abaixar para catar um esfomeado disposto a trabalhar por qualquer preço. Nos dias de hoje, a política da produção a todo custo poupa sua mão de obra, mas a fúria da especulação que ela provoca desencadeia periodicamente crises econômicas ou guerras que lançam milhões de desempregados nas ruas, ou milhões de soldados na fossa... Ah! Sei muito bem que alguns jornalistas pouco respeitosos com seu público pretendem distinguir entre essas duas espécies de catástrofe, imputando as crises econômicas ao Sistema e as guerras aos ditadores. No entanto, o determinismo econômico serve tão bem para justificar as crises quanto para justificar as guerras, a destruição de imensos estoques de produtos alimentícios com o único intuito de manter os preços, bem como o sacrifício de rebanhos de homens. Não foi o próprio vice-presidente dos Estados Unidos, o sr. Wallace, que citou recentemente, no tribunal da História, os senhores da especulação universal, os chefes dos grandes trustes internacionais, os controladores dos mercados, que precisam de uma guerra a cada vinte anos?

O que faz a unidade da civilização capitalista é o espírito que a anima, o homem que ela formou. É ridículo falar das ditaduras como de monstruosidades caídas da Lua ou de um planeta ainda mais longínquo no interior do pacato universo democrático. Se a atmosfera do mundo moderno não fosse favorável a tais monstros, não se teriam visto – na Itália, na Alemanha, na Rússia, na Espanha – milhões e milhões de homens oferecendo corpo e alma aos semideuses, e em todos os outros lugares do mundo – França, Inglaterra, Estados Unidos – outros milhões de homens a compartilhar pública ou secretamente a nova idolatria. Não se observaria, ainda hoje, esse curioso complexo de inferioridade que, mesmo no caminho da vitória, parece acometer as Democracias de inibição diante desses regimes já decaídos – o de Salazar ou o de Franco –, como no tempo vergonhoso, inexpiável, da guerra da Etiópia, ou naquele, mais abjeto ainda, da não intervenção espanhola.

É possível que tais verdades desagradem. Quando, ao preparar esta entrevista, eu começava a colocá-las em ordem no papel, veio-me mais de uma vez a tentação de substituí-las por outras verdades, incapazes de chocar alguém, inofensivas. Para dominar essa tentação, não foi em meu país que pensei primeiro – pensei nos amigos do meu país. Devo estas verdades francesas aos Amigos de meu país. Ao entregar-lhes estas verdades, não tenho a pretensão de desprendê-los desde já de certos preconceitos fáceis. Peço-lhes para guardá-las em algum canto de seu cérebro, em algum recesso de seu coração, para o dia em que a França, separando amigos de inimigos, se mostrará de novo como ela é, e enfrentará! Eles verão, nesse momento, que não lhes menti.

2

Nosso povo tem o direito de se dizer quite com as Democracias. De 1914 a 1918, sacrificou-lhes dois milhões de mortos e três quartos da fortuna nacional. Em 1939, elas lhe pediram sacrifício total. Digo que as Democracias pediram ao nosso povo sacrifício total porque hoje não existe, no Brasil ou noutro lugar, um homem sensato que se recuse a admitir que não poderíamos ter esperado dois anos pela Inglaterra, quatro anos pelos Estados Unidos, estando a braços com toda a máquina de guerra alemã e sem o concurso da Rússia. Nossas divisões teriam derretido uma após a outra como cera nesse Verdun colossal. O papel reservado à França foi, aliás, precisamente o de uma tropa que se entrega à morte para dar às reservas o tempo de chegar. Depois disso, alguns anos mais tarde, como em 1925, teríamos recebido a nota detalhada de fornecimento.

Nosso povo tem o direito de se dizer material e moralmente quite com as Democracias, mas ele sabe também que um grande povo, carregado de história, nunca está quite com ninguém. Um grande povo não poderia se proclamar isolacionista sem renegar a si mesmo. O que o nosso povo, o que o povo da Resistência exige, o que ele conquistou por seus sacrifícios e seus mártires, foi o direito de retomar as ideias que outrora ele difundiu amplamente no mundo, e que o interesse, a má-fé, a ignorância e a tolice exploraram, deformaram, gastaram a ponto de ele próprio já não se reconhecer nelas. Retomá-las, como antigamente se reenviava à fundição as moedas de ouro e de prata. Retomá-las, reenviá--las para fundição e cunhagem, a fim de que possam voltar a servir ainda, a servir a todos. Ou ainda, se me for permitido expressar meu pensamento por outra imagem, um pouco retórica na aparência, mas profundamente, dolorosamente correta, retomar nossa Revolução de um mundo cínico e ganancioso que nunca a compreendeu, que só poderá traí-la. Digo "nossa Revolução" com segurança tranquila. Ao dizê--lo, sinto-me em consonância com aquilo a que sempre procurei servir: a tradição, o espírito, a alma do nosso povo. Acredito mais do que nunca, junto com Michelet, mas também com monsenhor conde de Chambord – o último de nossos reis Bourbons –, que a maior infelicidade dos franceses foi seguramente a de se dividirem quanto a uma Revolução que deveria tê-los unido, que os uniu realmente, nobres, sacerdotes e burgueses, em certas horas sublimes, no dia da Federação, por exemplo, ou na noite de 4 de Agosto. O estrangeiro não apenas explorou nosso trágico mal-entendido, como o provocou, o cultivou, e ainda o cultiva. Quando as Democracias sustentavam, contra De Gaulle, aquele punhado de nobres degenerados, de militares sem cérebro e sem coração, de intelectuais a serviço dos especuladores, de acadêmicos sem-vergonhas, de prelados servis, em suma, o sindicato dos rancores e das impotências, presidido pelo marechal Pétain, essas Democracias, incorrigivelmente reacionárias, praticavam exatamente, para com o nosso país, a política outrora inaugurada por Pitt e Cobourg. No entanto, Pitt e Cobourg ao menos não pretendiam falar em nome das Democracias. Assistimos, ao contrário, à formação mais ou menos secreta – em prol das lutas futuras pela estabilidade da Paz, isto é, pela partilha dos mercados – de uma coalizão de ignorância e de interesses que alega, precisamente contra nós, basear-se nas tradições da Democracia. Parece-me que é chegado o momento de opor-lhe nossa tradição da Liberdade.

Existe uma tradição francesa da Liberdade. Em 1789, todos os franceses, ao menos por um momento, comungaram nessa tradição, cada qual conforme a extensão de seus conhecimentos ou a força de seu espírito, mas com uma fé simples, unânime. Por um momento, por um pequeno número de dias de um verão radioso, a Liberdade foi una e indivisível. Retomar nossa Revolução é retornar à raiz, ao princípio, ao coração inflamado de nossa união nacional. Qual era, antes de nossas discórdias civis, na hora em que a França, se não mais claramente, ao menos mais apaixonadamente se conscientizava de si mesma, em plena explosão do tradicional humanismo francês, a ideia que a França formava da liberdade? Será que existe uma ideia da liberdade que reconcilia todos os franceses? Será ela capaz de reconciliar todos os homens?

Essas são perguntas simples. Não pretendemos em absoluto confiscar essa palavra – *liberdade* – para uso próprio, mas temos certos direitos sobre ela. Mais que qualquer outro, o nosso povo a encarnou, tornou-a carne e sangue. Durante todo o século XIX, caso se perguntasse a um homem culto da Europa ou da América que lembranças históricas a palavra *liberdade* despertava em seu espírito, ele provavelmente teria respondido pelo nome da Bastilha, de Valmy, ou por uma estrofe da Marselhesa. Ainda hoje, para os incontáveis leitores de nossa história revolucionária, para todos aqueles que, em sua juventude, se inebriaram com essa aventura maravilhosa, imediatamente transformada, não se sabe como nem por quê, em lenda, com aquelas grandes imagens de Épinal em cores alegres e violentas, a palavra *povo* – a Justiça do Povo, a Vontade do Povo – evoca facilmente o povo das barricadas. Mas o povo das barricadas não é pura e simplesmente o Povo: é o povo francês – ou, antes, é a História da França insurreta. Ao relembrá-lo, não pretendemos humilhar ninguém. Gostaríamos apenas que, para o bem de todos, essa pura figura fosse guardada intacta, assim como gostaríamos que, para o bem de todos, nossa tradição nacional da liberdade já não corresse o risco de ser alterada em benefício de um demagogo totalitário qualquer. Isso porque, no fim – no fim dos fins –, o operário do *faubourg Saint-Antoine*, imortalizado pelo gênio do autor de

Os Miseráveis – o velho trabalhador idealista e grisalho, com seu olhar de menino e de apóstolo, mil vezes mais cristão, sem o saber, que os cristãos que o amaldiçoavam, o sonhador incorrigível, que morre contente na barricada pela felicidade do gênero humano –, certamente se assemelhava ainda mais ao guarda nacional burguês, leitor de Rousseau e de Voltaire, que para ele apontava, do que ao opulento homenzarrão americano, bem instalado, bem-vestido, bem alimentado, entupido de vitaminas, com seu imenso salário e decidido a aumentá-lo ainda mais por meio da guerra. É possível que já não sejamos dignos do operário do *faubourg Saint-Antoine*, mas, ainda assim, tanto ele como eu somos da mesma terra e da mesma história. Não o comparamos ao operário de Detroit ou de Chicago no intuito de saber qual dos dois pertence a um tipo superior de humanidade. No entanto, deve estar cada vez mais claro para todos que, na construção do mundo de amanhã, não se poderia recorrer indiferentemente a um ou a outro desses dois tipos. Aquele que, desde já, fala em nome de um, não pode se gabar de falar sempre em nome do outro. Para me expressar ainda mais clara e lealmente, suas concepções da vida talvez não se contradigam; mas tampouco se justapõem. E, embora não se contradigam hoje, podem contradizer-se amanhã.

Quando um homem brada: "Viva a liberdade!", é na sua, evidentemente, que ele pensa. No entanto, é de suma importância saber se ele pensa na dos outros; pois um homem pode servir à liberdade por interesse, como uma simples garantia da sua. Nesse caso, quando tal garantia já não lhe parecesse necessária, quem o impediria de fazer pouco da liberdade do vizinho, ou mesmo de se servir dela como de um objeto de troca e de composição? Essa foi a política do Isolacionismo americano, como também a de Munique. Ainda é a política desta guerra, iniciada em nome da Liberdade, mas que seria muito mais bem definida como uma guerra pela conservação do que restava de liberdade. Infelizmente, o sistema deixou tão pouco dela que cada nação reserva avidamente sua parcela para si, com receio de que a nação vizinha possua amanhã uma parcela maior. É o que explica, por exemplo, a extraordinária desconfiança – para não dizer a secreta repulsa – das Democracias em relação aos republicanos italianos que, com muita razão, recusam obediência a um rei para o qual nenhum monarquista do mundo deixaria de desejar a deposição e o castigo, nem que fosse para honrar a Monarquia. O Isolacionismo *yankee* levou essa política às raias do absurdo, com aquele cinismo tão semelhante à candura. De bom grado ele teria feito da América do Norte a única democracia do universo, que continuaria a praticar tranquilamente seus dois esportes nacionais, a eleição presidencial e o beisebol, enquanto as Ditaduras, em proveito dele, teriam assegurado a ordem no restante do planeta. Toda essa gente acredita tão pouco na Liberdade que se gaba de haver salvado quanto nós mesmos acreditávamos, há 25 anos, na Paz de 1918... Essa gente pensa apenas em dar, antecipadamente, os últimos retoques nos planos destinados a protegê-la, ao menos por algum tempo, no interior de suas próprias fronteiras, e sem grande preocupação com o que vai acontecer no interior das fronteiras alheias. Pode-se dizer, desse ponto de vista, que seus famigerados planos são tão complicados, tão custosos, tão inúteis quanto a Linha Maginot.

Essa obsessão com o "Plano", essa concepção exclusivamente defensiva, egoísta, legalista e conservadora da Liberdade, é verdadeiramente uma pecha do espírito anglo-saxão. O erro clássico do povo inglês foi sempre o de acreditar que as instituições o tornaram livre, ao passo que foi o próprio povo inglês que, outrora, no tempo de sua juventude, marcou as instituições com o sinal da liberdade como se o fizesse com ferro quente. São os democratas que fazem as Democracias, é o cidadão que faz a República. Uma Democracia sem democratas, uma República sem cidadãos já é uma ditadura, é a ditadura da intriga e da corrupção. A Liberdade não será salva pelas instituições, não será salva pela guerra. Qualquer um que observe os acontecimentos compreende muito bem que a guerra continua a deslocar os problemas sem resolvê-los. Sua eclosão destruiu o equilíbrio das ditaduras, mas é de recear que estas se reagrupem, sob outros nomes, num novo sistema de equilíbrio mais estável que o antigo, porque se ele lograsse se constituir, os fracos já não teriam nada a esperar da rivalidade dos fortes. Uma Paz injusta reinaria sobre um mundo tão completamente exaurido que, nele, ela teria toda a aparência da ordem.

De fato, quem defende a liberdade de pensamento apenas para si mesmo já está disposto a traí-la. Não se trata de saber se essa liberdade torna os homens felizes, nem mesmo se ela os torna morais. Não se trata de saber se ela favorece o mal mais do que o bem, pois Deus é senhor do Mal assim como do Bem. Basta-me que ela torne o homem mais homem, mais digno de sua perigosa vocação de homem, de sua vocação conforme à natureza, mas também de sua vocação sobrenatural, pois aquele que a liturgia da missa convida à participação na Divindade – *divinitatis consortes* – não poderia renunciar, nem mesmo infimamente, a seu risco sublime. Ao falar como acabo de fazer, falo como cristão e também como francês, falo a linguagem da minha velha Cristandade. Compreendo muito bem que um incrédulo me oponha, com ironia, o contra-argumento da guerra da Espanha. Jamais neguei o escândalo, posso até dizer que o denunciei, mas reconheço que ele subsiste. O caso da Espanha não será esquecido, o caso da Espanha será acertado na devida hora, eu juro. Em Majorca, durante a Semana Santa de 1936, enquanto as equipes encarregadas da depuração percorriam os vilarejos para liquidar os Inconformistas, numa média de dez vítimas por dia, vi a população aterrorizada acorrer às mesas santas para obter o precioso certificado de comunhão pascal. Compreendo muito bem que um incrédulo atribua esses hediondos empreendimentos de sacrilégio a um catolicismo exaltado! Eu também, quando era jovem, teria tomado seus autores por fanáticos, arrastados pelo zelo para além do bom senso. Mas a experiência da vida me convenceu desde então que, neles, o fanatismo é apenas a marca da impotência para acreditar no que quer que seja, para acreditar seja lá no que for com um coração simples e sincero, com um coração viril. Em vez de pedir a Deus a fé que lhes falta, preferem vingar-se nos incrédulos das angústias cuja aceitação humilde lhes valeria a salvação, e quando sonham em ver reacendidas as fogueiras, é na esperança de ver assim aquecida a sua mornidão, aquela mesma mornidão que o Senhor vomita. Não! A opinião clerical que justificou e glorificou a farsa sangrenta do Franquismo não era exaltada em absoluto. Era covarde e servil. Comprometidos com uma aventura abominável, esses bispos, esses padres, esses milhões de imbecis só precisariam, para dela sair, prestar uma homenagem à liberdade; mas a verdade lhes dava mais medo que o crime.

Capitalistas, fascistas, marxistas, toda essa gente se parece. Uns negam a liberdade, outros fingem ainda acreditar nela, mas quer acreditem nela, quer não, isso infelizmente deixou de ter grande importância, visto que já não sabem usá-la. Ai de nós! O mundo corre o risco de perder a liberdade, de perdê-la irremediavelmente por não ter mantido o hábito de usá-la... Eu gostaria de ter por alguns instantes o controle de todos os aparelhos de rádio do planeta, para dizer aos homens: "Atenção! Cuidado! A liberdade está aí, à beira da estrada, mas vocês passam por ela sem olhar para o lado; ninguém reconhece o instrumento sagrado, os grandes órgãos ora furiosos, ora afetuosos. Querem fazê-los acreditar que estão imprestáveis. Não creiam nisso! Bastaria que vocês roçassem seus dedos no teclado mágico para que a voz sublime preenchesse a Terra uma vez mais... Ah! Não esperem muito tempo, não deixem que a máquina maravilhosa fique por muito tempo exposta ao vento, à chuva, à zombaria dos passantes! E, sobretudo, não a confiem aos mecânicos, aos técnicos, aos afinadores, que lhes garantem que ela precisa de uns ajustes e que vão desmontá-la. Eles a desmontarão até a última peça e não a remontarão jamais!"

Sim, eis o apelo que eu gostaria de lançar espaço afora; receio, porém, que até mesmo você, que lê estas linhas, escutasse sem compreender. Sim, caro leitor, receio que você não imagine a Liberdade como grandes órgãos, receio que a seus olhos ela já tenha se transformado em mera palavra grandiosa, assim como Vida, Morte, Moral, uma espécie de palácio deserto onde você só entra por acaso e do qual sai às pressas, porque ele faz ressoar seus passos solitários. Quando se profere na sua frente a palavra *ordem*, você sabe de imediato do que se trata, imagina um fiscal, um policial, uma fila de pessoas obrigadas por um regulamento a permanecer umas atrás das outras comportadamente, enquanto o mesmo regulamento não as amontoa a trouxe-mouxe cinco minutos depois num restaurante de comida assassina, num ônibus velho e sem janelas ou num vagão sujo e fedorento. Se você for sincero, talvez até reconheça que a palavra *liberdade* lhe sugere vagamente a ideia da desordem – a barafunda, a pancadaria, os preços subindo de hora em hora na mercearia e no açougue, o produtor rural estocando seu milho, as toneladas de peixes lançadas ao mar para manter o nível dos preços. Ou talvez não lhe sugira nada, apenas um vazio a ser preenchido – como, por exemplo, o do espaço... Eis o resultado da propaganda incessante feita há tantos anos por aqueles que, neste mundo, estão interessados na formação em série de uma humanidade dócil, cada vez mais dócil, à medida que a organização econômica, as concorrências e as guerras exigem uma regulamentação mais minuciosa. O que seus antepassados chamavam de liberdades, você já chama de desordens, de fantasias. "Nada de fantasias!", dizem os homens de negócios e os funcionários públicos igualmente preocupados em "agilizar", "regras são regras, não temos tempo a perder com excêntricos que não gostam de fazer as coisas como todo mundo...". A coisa está indo rápido, caro leitor, a coisa está indo muito rápido. Vivi numa época em que a formalidade do passaporte parecia abolida para sempre. Para viajar da Europa aos Estados Unidos, qualquer homem honesto precisava apenas ir à *Compagnie Transatlantique* para pagar sua passagem. Podia dar a volta ao mundo com um simples cartão de visitas em sua carteira. Os filósofos do século XVIII protestavam com indignação contra o imposto do sal – a gabela –, que lhes parecia imoral, por ser o sal um dom da Natureza ao gênero humano. Há vinte anos o pequeno-burguês francês se recusava a permitir que registrassem suas impressões digitais, formalidade até então reservada aos prisioneiros. Oh! Sim, eu sei, vocês devem estar pensando que se trata aí de insignificâncias. Ao protestar contra tais insignificâncias, porém, o pequeno-burguês – sem o saber – empenhava uma herança imensa, toda uma civilização, cujo desvanecimento progressivo passou quase despercebido, porque o Estado Moderno, o Moloch Técnico, ao lançar solidamente as bases de sua tirania futura, permanecia fiel ao antigo vocabulário liberal, encobria ou justificava com o vocabulário liberal as suas incontáveis usurpações. Ao pequeno-burguês francês que se recusava a registrar suas impressões digitais, o intelectual de profissão, o parasita intelectual – eterno cúmplice do poder, mesmo quando parece combatê-lo – replicava com desdém que esse preconceito contra a Ciência poderia entravar uma admirável reforma dos métodos de identificação, que não se podia sacrificar o Progresso ao medo ridículo de sujar os dedos. Erro grave! Não eram os dedos que o pequeno-burguês francês, o imortal La Brige de Courteline, receava sujar, era sua dignidade, era sua alma. Oh! Talvez ele não desconfiasse, ou desconfiasse apenas em parte, talvez sua revolta fosse muito menos a da clarividência e muito mais a do instinto. Pouco importa! Por mais que lhe dissessem: "Mas o que você tem a perder? Que importância tem, para você, ser instantaneamente reconhecido, graças ao meio mais simples e mais infalível? Só o criminoso leva vantagem em se esconder...". Ele não deixava de reconhecer o valor do raciocínio, mas não se convencia. Naquela época, de fato, o procedimento do sr. Bertillon só ameaçava o criminoso, e até hoje é assim. Foi o sentido da palavra *criminoso* que se ampliou prodigiosamente, até designar qualquer cidadão pouco favorável ao Regime, ao Sistema, ao Partido, ou ao homem que os encarna. Decerto o pequeno-burguês francês não tinha imaginação suficiente para conceber um mundo como o nosso, tão diferente do seu, um mundo no qual em cada cruzamento a polícia do Estado espreitaria os suspeitos, verificaria os documentos dos passantes, faria do mais simples porteiro de hotel, encarregado dos registros, seu auxiliar voluntário e público. No entanto, ao mesmo tempo em que via satisfeito a Justiça tirar partido, contra os reincidentes, do novo método, pressentia que, nas mãos do Estado, uma arma tão aperfeiçoada não ficaria muito tempo inofensiva para o simples cidadão. Era apenas sua dignidade que ele acreditava defender, mas defendia junto com ela nossa segurança e nossa vida. Nos últimos vinte anos, quantos milhões de homens, na Rússia, na Itália, na Alemanha, na Espanha, não foram assim, graças às impressões digitais, impossibilitados não apenas de prejudicar os Tiranos, mas também de esconder-se e de escapar deles? E tal sistema engenhoso destruiu, além disso, algo mais precioso que milhões de vidas humanas. A ideia de que um cidadão nunca antes envolvido com a Justiça de seu país deveria permanecer perfeitamente livre para dissimular sua identidade se assim o desejasse, por motivos dos quais era o único juiz ou simplesmente por prazer, de que qualquer indiscrição de um policial nesse âmbito não poderia ser tolerada sem razões muito graves, eis uma ideia que já não aflora no espírito de ninguém. Não está longe o dia, talvez, em que nos parecerá tão natural deixar a chave na fechadura – para que a polícia possa entrar em nossa casa dia e noite – quanto abrir a carteira diante de qualquer requisição. E quando o Estado julgar mais prático, a fim de poupar o tempo de seus incontáveis fiscais, impor-nos uma marca exterior, por que hesitaríamos em nos deixar marcar com ferro, na bochecha ou nas nádegas, como o rebanho? O expurgo dos Inconformistas, tão caro aos regimes totalitários, seria assim imensamente facilitado.

3

Uma civilização não desmorona como um edifício; seria muito mais exato dizer que se esvazia pouco a pouco de sua substância, até que lhe sobre apenas a casca. Poder-se-ia dizer com mais exatidão ainda que uma civilização desaparece junto com a espécie de homem, o tipo de humanidade que dela se originou. O homem da nossa civilização – a civilização francesa, que foi a expressão mais viva e multifacetada, a expressão mais helênica da civilização europeia – praticamente desapareceu da cena da História no dia em que foi decretada a conscrição. Ou, pelo menos, desde então não fez mais do que se arrastar.

Essa declaração surpreenderá muitos imbecis. Eu, porém, não escrevo para os imbecis. A ideia da conscrição obrigatória parece tão inspirada no espírito napoleônico que é facilmente atribuída ao Imperador. No entanto, foi votada pela Convenção. De fato, a ideia napoleônica do direito absoluto do Estado já animava os homens da Convenção e, além deles, Richelieu, Carlos V, Henrique VIII e o papa Júlio II – pela simples razão de que Robespierre e Richelieu, Carlos V e Henrique VIII pertenciam, todos juntos, àquela tradição romana tão poderosa entre nós, particularmente desde o Renascimento.

A instituição do serviço militar obrigatório, ideia totalitária por excelência – tanto assim que dela se pode deduzir o sistema inteiro, como dos axiomas de Euclides se deduz a geometria –, marcou um recuo imenso da civilização. Suponhamos, por exemplo, que a Monarquia outrora tivesse ousado, por mais impossível que pareça, decretar a mobilização geral dos franceses: isso a teria forçado a despedaçar de uma tacada todas as liberdades individuais, familiares, regionais, profissionais, religiosas, a desferir esse golpe terrível contra a Pátria, porque a Pátria consistia justamente nessas liberdades. Sei bem que, assim formulado, meu raciocínio soa paradoxal; hoje se julgaria muito difícil opor a Pátria ao Estado. Tal oposição, no entanto, teria parecido natural a nossos pais. É provável que tivessem compreendido muito bem, inclusive, que um autor trágico levasse esse conflito ao palco. "Diante do grave perigo que me ameaça", teria dito, por exemplo, o Estado, "minha salvação – aquela salvação que é a Lei suprema, *suprema Lex* – exige a supressão imediata de todas as liberdades cívicas de todos os cidadãos, de dezoito a cinquenta anos, que deverão obedecer cegamente aos chefes nomeados por mim. Acrescento que, por tempo indeterminado, esses milhões de franceses cessarão de desfrutar as garantias da lei e ficarão sob a alçada exclusiva dos rigores do Código Militar. Qualquer um – até mesmo o aluno mais brilhante da Universidade de Paris, um artista de gênio ou um futuro São Vicente de Paula – que, por infelicidade, roçar com os dedos a ponta do nariz de um oficial beberrão que tenha acabado de insultá-lo será condenado à morte e fuzilado". "Tenho sérias dúvidas", responderia a Pátria, "de que minha salvação exija tal monstruosidade; se aceito vossas razões, é com desconfiança, pois sei que todas as ocasiões vos são propícias para usurpar das pessoas os bens e os direitos que estão ao meu encargo. Não importa! Se haveis chegado ao ponto que dizeis, tereis certamente negligenciado uma vez mais o interesse dos meus filhos para vos preocupardes apenas com os vossos, isto é, com vossa própria segurança, pois esqueceis de bom grado, e até o último instante, o inimigo de fora; esse sempre vos pareceu menos temível que o descontente de dentro, e é com polícia e complôs que sonhais do início ao fim do dia... Não importa! Sou a liberdade dos franceses, sua herança, a Casa, o Refúgio, o Lar. Chamaram-me por um nome que primeiro evoca aos ouvidos a palavra *paternidade*, mas deram-lhe o gênero de palavra feminina, porque pensam naturalmente em mim como sua mãe, e é verdade que me amam como as crianças amam à mãe enquanto maltratam, com mãos pequeninas, com boca ávida e sibilante, o belo seio maduro que as alimenta. Não! Não me desagrada nem um pouco que seu amor seja violento e egoísta! Sim, acredito que muitos deles dariam a vida em minha defesa, mas não o exigirei; a simples ideia de tal exigência é cruel e sacrílega, e proíbo-vos de exigir algo semelhante em meu nome, e com que outro direito o exigiríeis? Não em nome da autoridade paterna, por certo, pois o Estado é um gestor, um administrador, um intendente, e se leva suas prerrogativas além daí, pode tornar-se um Tirano ou mesmo um Deus, jamais um pai. Tornai-vos um Tirano, se quiserdes: quanto a mim, continuarei a ser Mãe. Tudo que posso vos permitir é proclamar que estou em perigo, eu, a Mãe deles. Juntar-se-á aos meus exércitos quem quiser, quem puder, como se faz há séculos, pois ninguém até hoje havia pensado em rapar numa única espalmada todos os homens, os do campo e os da cidade. Direis em vão que são absurdos os meus escrúpulos, que vossa salvação será a minha, vossa perda, a minha. Antes de mais nada, isso não é verdade. A História é fértil em exemplos de Pátrias que subsistiram mesmo sob a potência do Estrangeiro, para depois conhecer um novo Renascimento. Levantareis a objeção de que é terrível o risco corrido assim. Estou de acordo convosco; eis por que espero que meus exércitos se multipliquem com grande número de jovens voluntários. Queira Deus que meus filhos salvem assim, livremente, a minha liberdade! Como poderia eu coagi-los sem renegar a mim mesma e atentar irreparavelmente contra o caráter sagrado de que fui por eles revestida? Dizeis que, ao me salvar, salvarão a si mesmos. Sim, contanto que permaneçam livres! Não, se tolerarem que, por medida inaudita, vós rompais o pacto nacional, pois tão logo, por simples decreto, tenhais transformado milhões de franceses em soldados, demonstrar-se-á que disponhes soberanamente das pessoas e dos bens de todos, que não existe direito acima do vosso, e a partir de então onde haverá freio para vossas usurpações? Não chegareis vós à pretensão de decidir sobre o justo e o injusto, o Bem e o Mal? Se assim fosse um dia, o que seria eu? Teríeis feito desta velha Cristandade uma espécie de tirania análoga à dos bárbaros do Oriente. Nossa nação assim humilhada já não poderia ser uma Pátria. Oh! É claro, só recorreríeis a meio tão extremo em último caso. Ao menos é isso que dizeis, e talvez até o pensais. Cedo ou tarde, porém, o Estado rival faria o mesmo que vós, e a exceção tornar-se-ia regra com o consentimento de todos, pois conheço os homens, eu que sou uma Pátria de homens. Acham bela a liberdade, amam-na, mas estão sempre prontos para preferir-lhe a servidão que tanto desprezam, exatamente como enganam a esposa com mulheres fáceis. O vício da servidão é, no homem, tão profundo quanto o da luxúria, e talvez os dois sejam um só. Talvez sejam uma expressão diferente e conjunta daquele princípio de desespero que leva o homem a degradar-se, aviltar-se, como para vingar-se de si próprio, vingar-se de sua alma imortal. A medida cuja aprovação me propondes abrirá um brecha enorme no flanco da Cidade Cristã. Todas as liberdades, uma a uma, hão de se esvair por ela, pois estão irmanadas umas com as outras, ligadas umas às outras como contas de um rosário. Virá o dia em que vos será impossível chamar o povo à guerra em defesa da liberdade contra o invasor, pois já não haverá liberdade, e vossa fórmula, portanto, já não significará nada. O próprio invasor não será mais livre que o invadido. Atualmente os Estados lutam entre si por uma província, por uma cidade; a guerra é o jogo dos Príncipes, assim como a diplomacia é o dos Ministros. É um mal, certamente, um grande mal, mas, em suma, de uma espécie pouco diferente do jogo ou da prostituição. Vós estendereis esse mal ao conjunto do corpo social: será como se, não satisfeito em tolerar o jogo ou a prostituição, fizésseis do país inteiro um grande cassino ou um gigantesco lupanar. Então, os Estados já não serão mestres da guerra, não a decidirão nem controlarão, e os povos lutarão entre si sem saber exatamente por quê; sabê-lo-ão cada vez menos e lutarão cada vez mais e com maior furor, à medida que forem desaparecendo em vão, sob as bombas, as riquezas por eles cobiçadas; já não lutarão para ficar ricos, mas para não morrer de fome; morrerão de fome mesmo assim, a miséria comum engendrará ódios de que ninguém faz ideia, cujos efeitos destrutivos ninguém pode imaginar, pois a miséria e o ódio inflamarão os cérebros, provocarão descobertas fabulosas, execráveis. A guerra não recuará diante de nada. Digo até que, ao reclamar para vós o direito de sacrificar os homens, havereis tornado possível, se não inevitável, o sacrifício futuro das mulheres e das crianças. Quando todos guerrearem, guerrear-se-á por todos os meios, pois a lógica pessoal do diabo é mais inflexível que o inferno. A ideia de que as necessidades da guerra justificam qualquer coisa inspira, de imediato, outra: a preparação para a guerra, sendo a própria guerra, não poderia gozar de tolerância menor; a Moral se vê, assim, excluída tanto da paz como da guerra. Nesses tempos, se eles chegarem, o próprio nome da Pátria será apagado da memória dos homens, pois as Pátrias pertencem à ordem da Caridade do Cristo, a Santa Caridade do Cristo é a Pátria das Pátrias; e quem ousará reconhecê-las nessas bestas raivosas a disputar entre si, como cadelas, os despojos do mundo?".

A igualdade absoluta dos cidadãos diante da Lei é uma ideia romana. À igualdade absoluta dos cidadãos diante da Lei deve corresponder, cedo ou tarde, a autoridade absoluta e sem controle do Estado sobre os cidadãos. Isso porque o Estado é perfeitamente capaz de impor a igualdade absoluta dos cidadãos diante da Lei até tomar-lhes tudo que lhes pertence, tudo que permite distingui-los uns dos outros; mas quem defenderá a Lei contra as usurpações do Estado? Tal papel foi outrora, entre nós, o dos Parlamentos. Havia treze Parlamentos no Reino, e até mesmo dezessete, se forem contados os quatro Conselhos superiores – Paris, Toulouse, Grenoble, Bordeaux, Dijon, Rouen, Aix, Rennes, Pau, Metz, Besançon, Douai, Nancy, Roussillon, Artois, Alsácia e Córsega. O poder de cada um desses Parlamentos era igual ao do Rei. Eles julgavam em última instância e recebiam a apelação de todas as jurisdições reais, municipais, senhoriais e eclesiásticas. Possuíam direito de exame, de emenda e de crítica quanto a todos os atos públicos. Os acordos firmados com potências estrangeiras lhes eram submetidos. "Tal é a lei do Reino", escreve La Roche-Flavin, presidente do Parlamento de Toulouse, "que nenhum édito ou ordenança real seja considerado édito ou ordenança real se não for previamente verificado nas Cortes soberanas por deliberação destas". Em seu édito de 1770, Luís XV se expressa nos seguintes termos: "Nossos Parlamentos elevam sua autoridade acima da nossa, visto nos reduzirem à simples faculdade de propor-lhes nossas vontades, reservando para si o direito de impedir sua execução". O governo devia transmitir ao Parlamento as nomeações feitas por ele à maioria das funções, e viu-se mais de uma vez tais assembleias recusarem o registro dessas nomeações, isto é, anular as promoções do rei. Para dobrar essa magistratura independente, o Estado dispunha apenas de poucos meios, tão complicados que só raramente recorria a eles, e mesmo nesse caso os magistrados podiam lançar mão de um procedimento infalível: negligenciavam a lei registrada contra seu agrado, desconsideravam-na em suas sentenças ou ainda suspendiam a administração da Justiça, o que podia mergulhar o reino no caos.

Se os Parlamentos dispunham de tal poder de resistência ao Estado, os magistrados que os compunham e não dependiam de ninguém, visto que eram proprietários de seu cargo, podiam passar por privilegiados. Cada cidadão desfrutava, no entanto, desse privilégio; não porque devesse apoiar o Parlamento diante do Rei, ou o Rei diante do Parlamento, mas simplesmente porque essa rivalidade proporcionava às instituições o que os mecânicos chamam de "jogo". O homem de ontem não se parecia com o de hoje. Nunca teria integrado esse rebanho que as democracias plutocráticas, marxistas ou racistas, alimentam para a fábrica e para a fossa. Nunca teria pertencido às manadas que vemos avançar tristemente umas contra as outras, imensas massas atrás de suas máquinas, cada qual com suas instruções, sua ideologia, seus slogans, decididas a matar, resignadas a morrer, e repetindo até o fim, com a mesma resignação imbecil, a mesma convicção mecânica: "É para o meu bem... é para o meu bem...". Longe de pensar como nós, de fazer do Estado seu nutridor, seu tutor, seu segurador, o homem de outrora chegava quase a considerá-lo um adversário contra o qual qualquer meio de defesa podia ser útil, pois ele sempre trapaceia. Por isso os privilégios não melindravam em absoluto o seu senso de justiça; ele os considerava obstáculos à tirania, e, por mais humilde que fosse o seu, ele o considerava – não sem razão, aliás – solidário dos maiores, dos mais ilustres. Sei perfeitamente que esse ponto de vista se tornou estranho para nós, porque fomos perfidamente condicionados a confundir justiça com igualdade. Esse preconceito é levado a tais extremos que suportaríamos de bom grado a condição de escravos, contanto que ninguém pudesse se vangloriar de sê-lo menos que nós. Os privilégios nos amedrontam, porque entre eles existem os mais e os menos preciosos. Mas o homem de outrora facilmente os teria comparado às roupas que nos preservam do frio. Cada privilégio era uma proteção contra o Estado. Uma vestimenta pode ser mais ou menos elegante, mais ou menos quente, mas é sempre preferível estar vestido, ainda que andrajosamente, do que andar nu por aí. O cidadão moderno, depois que seus privilégios lhe tiverem sido confiscados um por um até o último – inclusive o mais básico, o mais ordinário, o menos útil de todos, o do dinheiro –, ficará nu diante de seus senhores.

4

Nossa Revolução de 1789, ou antes o que deveríamos continuar a denominar o Grande Movimento de 1789, pois foi esse o nome que lhe deram seus contemporâneos – e essa Revolução de 1789 era de fato um movimento, a Revolução só veio depois para lhe bloquear o caminho, a Revolução realista e nacionalista que, por cima do idealismo à moda rousseauniana da Declaração dos Direitos, reata com o absolutismo de Estado dos legistas italianos ou espanhóis, com a tradição centralizadora e unitária, para desembocar logicamente no regime napoleônico, nas primeiras grandes guerras econômicas – o Bloqueio Continental –, na igualdade absoluta, isto é, na impotência absoluta dos cidadãos diante da Lei – a lei do Estado –, possibilitando, assim, o advento dos sistemas totalitários.

Para compreender alguma coisa sobre o Grande Movimento de 1789, que foi sobretudo um grande movimento prematuro de esperança, uma espécie de iluminação profética, é preciso também tentar compreender o homem daqueles tempos. O homem do século XVIII viveu num país eriçado de liberdades. Isso não escapava aos estrangeiros. O inglês Dallington definiu a França de 1772: uma vasta democracia. "Toda cidade nossa é uma capital", dizia, amargamente, duzentos anos antes Richelieu, não menos centralizador que Robespierre. "Com efeito, cada comunidade francesa se assemelha a uma família que governa a si própria, o menor vilarejo elege seus síndicos, seus coletores, seu mestre escolar, decide sobre a construção de pontes, a abertura de caminhos, move processos contra o senhor, o pároco, o vilarejo vizinho", pois nossos camponeses sempre foram tremendamente demandistas. A exemplo dos vilarejos, as cidades elegem seu prefeito, seus magistrados, mantêm suas milícias, decidem soberanamente sobre os assuntos municipais. Em 1670, sob o reinado de Luís XIV, o príncipe de Condé, governador da Borgonha, convoca uma assembleia geral dos habitantes de Chalon-sur-Saône e, tomando a palavra, solicita permissão para que os jesuítas se estabeleçam na cidade. Depois disso, retira-se para dar à assembleia toda liberdade de discussão. Sua requisição é rejeitada por franca maioria: os habitantes de Chalon-sur-Saône não apreciavam os jesuítas.

Repito que, ao defender o homem do passado, é nossa tradição revolucionária que eu defendo. Será mesmo que ele nunca passou de um escravo, adestrado por séculos a se deitar aos pés de senhores impiedosos e a lamber-lhes as mãos?

Será inevitável que a célebre página de La Bruyère, que expressa sobretudo o horror e o asco de um habitante refinado da cidade diante dos grosseiros camponeses, se sobreponha eternamente a tantos trabalhos e pesquisas desinteressadas de historiadores admiráveis? Existe uma tradição francesa da Revolução, uma tradição humanista da Revolução Universal, uma tradição da Declaração dos Direitos do Homem que se distingue de maneira absoluta – ideológica e historicamente – da tradição alemã. Quanto a essas duas tradições – este não é o lugar para dizer qual delas é boa –, pretendo apenas que não sejam confundidas ou, na impossibilidade de confundi-las, que a primeira não seja difamada mais ou menos sorrateiramente por meio de calúnias contra o homem francês, até fazer daquela comunhão heroica de uma nação inteira, em plena força, em plena glória, uma espécie de insurreição sem caráter próprio, uma insurreição de servos atolados por séculos na ignorância, na sujeira, na miséria, que tiram proveito de algumas circunstâncias favoráveis para aniquilar mil anos de História, assim como um mendigo incendeia de noite a fazenda onde a esmola lhe foi recusada. Repito que a Revolução de 1789 foi a revolução do Homem, inspirada por uma fé religiosa no homem, ao passo que a Revolução alemã de tipo marxista é a Revolução das massas, inspirada não pela fé no homem, mas no determinismo inflexível das leis econômicas que regram sua atividade, ela própria orientada por seu interesse. Uma vez mais, não oponho aqui duas ideologias: distingo-as. Se a Revolução de 1789 se tornou de imediato uma das mais belas lendas humanas, foi porque começou na fé, no entusiasmo; porque não consistiu numa explosão de ira, e sim na de uma imensa esperança acumulada. Por que então tentar convencer de que ela saiu dos infernos da miséria? Eis como o alemão Wahl concluiu seu livro: "Os cinquenta anos que precederam a Revolução foram uma época de formidáveis progressos". Em *Recherches sur la Population de la France* [Pesquisas sobre a População da França], Menance escreve, em 1788: "Há quarenta anos que o preço do trigo diminui e os salários aumentam". De 1763 a 1789, os números do comércio interior haviam duplicado. De 1737 a 1787, cinquenta mil quilômetros de estradas haviam sido construídos. "Pode-se esperar", dizia Necker, "que o produto de todos os direitos de consumo aumente em dois milhões por ano". A França tem cientistas como Lavoisier, Guyton, Morveau, Berthollet, Monge, Laplace, Lagrange, Daubenton, Lamarck, Jussieu; o barco a vapor de Jouffroy d'Abbans navega no Doubs, Philippe Lebon inventa a iluminação a gás, os irmãos Montgolfier, o aeróstato. Turgot decreta o livre comércio dos grãos em 1774. Em 1777 é proclamada a liberdade de culto. Em 1776 cria-se o *Mont-de-Piété* [Montepio], para empréstimos por penhora a uma taxa mais moderada, de três por cento. Pouco depois, o rei reorganiza inteiramente o serviço de correios e decide que o segredo das cartas será respeitado, até mesmo pelos oficiais de justiça – reforma que a Convenção Nacional não foi capaz de manter, nem ousou manter... Uma vez mais, o francês do século XVIII não é um cão que rompe suas correntes, um carneiro subitamente enfurecido, mas um homem orgulhoso do trabalho de seus ancestrais, consciente da grandeza de sua história, e que acredita estar no limiar de uma civilização nova, saída de seu espírito e de suas mãos, feita à sua imagem, uma Idade de Ouro. Não foi esse o momento em que a Academia de Berlim escolheu como tema de concurso: "Razões para a superioridade da língua francesa"? Em Berlim, assim como em outros lugares, essa superioridade de nossa língua – e também de nossas artes e nossos costumes – já não era discutida; discutiam-se apenas as razões. Ah! É claro, algum leitor pensará aqui que o camponês francês tinha bem pouco interesse pela escolha da Academia de Berlim, escolha essa que, aliás, ele ignorava. Não ignorava, porém, o lugar que a França ocupava na Europa, nem que esse lugar era o primeiro. Sabia, ao menos vagamente, que pertencia ao povo mais civilizado do mundo; e esse povo merecia, de fato, mais que qualquer um, o nome de civilizado, pois a consciência de sua superioridade não lhe inspirava nada que se assemelhasse ao hediondo nacionalismo moderno, era verdadeiramente destituído de ira, sonhava verdadeiramente com a liberdade e a felicidade do gênero humano; Jean-Jacques era realmente seu profeta. Objetar-se-á que o povo não sabia ler. No entanto, para começar, o número de analfabetos era muito menor do que geralmente se pensa – de quinhentas comunas, apenas 22 não possuíam mestre escolar. Era até mesmo o baixo clero que, nessa época, se mostrava o mais ardente defensor da instrução obrigatória; a burguesia – particularmente a burguesia intelectual – julgava essa reforma perigosa: "Uma única pluma é suficiente para cem habitantes", dizia Voltaire. Pouco importa! Qualquer um que tenha alguma noção de História sabe perfeitamente que a "Profissão de Fé do Vigário Saboiano"[1] teria então sido compreendida e aclamada no mais humilde púlpito de vilarejo. Os jovens generais da República, Hoche, Marceau, o próprio Bonaparte, não falavam com seus soldados, sempre que tinham a oportunidade, a língua de Rousseau?

---

[1] Texto que figura no livro IV do *Emílio*, de Jean-Jacques Rousseau. (N.T.)

Seria muito ousado proclamar Rousseau o pai da Revolução de 1789 – pois ela foi gestada durante dez séculos nas entranhas da França –, mas poder-se-ia dizer que ele foi seu padrinho. Aliás, ela mereceria um apadrinhamento mais ilustre. Uma oração do século IX invoca a luz celeste sobre os filhos dos francos, "a fim de que, ao enxergar o que importa fazer para estabelecer o reino de Deus neste mundo, tenham a coragem de realizar com uma generosidade e uma caridade que nada seja capaz de desanimar...". Evidentemente o autor esquecido dessas palavras admiráveis dava ao Reino de Deus um sentido diferente de um paraíso terrestre à moda de Jean-Jacques, de uma Cidade harmoniosa na qual o homem, reconciliado com o Ser Supremo, consigo mesmo, com seus irmãos, com os animais inocentes, as árvores, as fontes, se dedicaria ao progresso da filosofia, das ciências naturais e das artes, em prol de uma humanidade regenerada. Decerto uma civilização desse tipo pode ser uma imagem atenuada, enfraquecida, quase irreconhecível do Reino de Deus; mas não se opõe a ele como a sociedade capitalista, por exemplo. A Igreja do século XII havia continuado a proteger maternalmente a Cristandade, sua obra. Se a corrupção romana dos séculos XIV e XV, o terror inspirado por Lutero, o Realismo ímpio do Renascimento e todo o ouro dos reinos ibéricos não houvessem inclinado a Igreja para a política, atado sua sorte, ao menos em aparência, ao capitalismo, cujas raízes se embrenham tão profundamente no passado, a Revolução de 1789 teria sido feita muito mais cedo e teria tido a Igreja por madrinha... Nada se compreende sobre nossa Revolução quando se evita considerar um fato histórico de uma importância incalculável: a partir do século XV, a Cristandade francesa subsistia – quero dizer, a sociedade cristã com suas instituições, seus costumes, sua concepção tradicional da vida, da morte, da honra e da felicidade –, mas a política se paganizava cada vez mais... No cimo da Cristandade, a política restaurava secretamente as divindades pagãs, o Estado, a Nação, a Propriedade, o *jus utendi et abutendi* do Direito Romano... Ah! Sim, é claro, a Revolução de 1789 veio tarde demais!

Entre a nova sociedade em formação e a política à qual acabo de me referir existia – para empregar a expressão leibniziana – uma espécie de "harmonia preestabelecida". Como o Estado segundo Maquiavel, que não conhece outra lei senão a eficiência, não se harmonizaria com uma sociedade que não conhece outro móbil senão o lucro? A Revolução de 1789 veio tarde demais, ou cedo demais. Não era contra as opressões do passado que se levantava um povo que, aliás, pela vontade de seus mandatários, iria dali a pouco tempo lançar ao fogo, na noite de Quatro de Agosto, os títulos de seus privilégios: seu pressentimento sublime o erguia diante da ameaça das opressões futuras. Aliás, por acaso essa ameaça era tão longínqua? Imagine! Ainda não sou um velho e, no entanto, quando nasci, a Declaração dos Direitos não tinha nem cem anos. Hoje ela tem cento e 50 anos, duas vidas humanas, não mais. Oh! Sei muito bem que essas são reflexões que o leitor não gosta de fazer. Permitam-me, porém, insistir nelas. Cento e cinquenta anos depois da Declaração dos Direitos, Hitler dominava a Europa e milhões de homens, milhões de homens do mundo, em todas as partes do mundo – pois as Democracias, como vocês sabem, as próprias democracias abrigavam muitos amigos dos fascismos –, milhões de homens aclamavam uma doutrina que não apenas reconhece à Coletividade o pleno poder sobre os corpos e as almas, como faz dessa sujeição total do indivíduo – para não dizer de sua absorção – a mais nobre finalidade da espécie. Pois não é verdade que milhões e milhões de homens se contentaram em abandonar voluntariamente sua liberdade, como alguém que se despoja de um privilégio legítimo. Eles não reconheciam a legitimidade desse privilégio, não reconheciam para si mesmos o direito à liberdade. E pior! Por uma inversão inaudita dos valores, orgulhavam-se em desprezá-la. Tornavam suas as palavras atrozes de Lênin: "Liberdade? Para fazer o quê com ela?". Para fazer o quê? Ou seja, para que serve? Para que serve ser livre? De fato, não serve para grande coisa; nem a liberdade nem a honra poderiam justificar os imensos sacrifícios feitos em seu nome, mas que importa! É fácil convencer os ingênuos de que somos apegados à liberdade por aquela espécie de orgulho expresso no *non serviam* do Anjo... e uns coitados de uns padres repetem essa parvoíce que agrada à sua tolice. Ora, justamente, um filho de nossas velhas raças laboriosas e fiéis sabe que a dignidade do homem está no servir. "Não há privilégio, só há serviços", essa era uma das máximas fundamentais de nosso antigo Direito. No entanto, só um homem livre é capaz de servir: o serviço é, por sua própria natureza, um ato voluntário, a homenagem que um homem livre presta a quem ele quiser, a quem ele julga estar acima dele, a quem ele ama. Se os padres aos quais acabo de me referir não fossem impostores ou imbecis, saberiam que o *non serviam* não é uma recusa de servir, mas de amar.

5

Cento e cinquenta anos após a Declaração dos Direitos, os Ditadores quase dividiram o mundo entre si; mas isso é dizer pouco. Vangloriavam-se de nele estabelecer um novo tipo de civilização, e vemos agora que essa promessa não era vã; a cada dia julgamos melhor a extensão e a profundidade da crise intelectual e moral que a vitória não poderia resolver e talvez agrave. Pois é provável que a ideia de liberdade, já tão perigosamente enfraquecida nas consciências, não resistisse à decepção de uma paz malfeita, ao escandaloso espetáculo da impotência das Democracias. Já é demais que a guerra da liberdade tenha sido feita com métodos totalitários; o desastre irreparável seria que a paz de amanhã fosse feita não apenas com os métodos, mas com os princípios da ditadura.

Cento e cinquenta anos depois dessa explosão de esperança... Oh! Provavelmente mais de um leitor pensará que insisto demais nesse ponto; mas é que minha cronologia abala – com o tempo, talvez –, por uma irritante repetição, a segurança interior na qual ele costuma encontrar seu repouso, como os peixes na água profunda. De fato, ele tolera sem dificuldade que as ideias perturbem por vezes sua superfície, mas tão logo uma imagem um pouco insistente seja passível de avançar nas profundezas, ele se angustia. É-lhe desagradável, por exemplo, pensar que o Totalitarismo foi tão pouco inventado pelo sr. Hitler ou pelo sr. Mussolini quanto o Protestantismo o foi por Lutero; que os ditadores, assim como o próprio Lutero, apenas mereceram ter seu nome atribuído a uma crise antiga porque, embora a maleficência já estivesse espalhada por todo o organismo, foram eles que a fixaram, no sentido que os médicos dão a essa expressão quando falam de um abscesso de fixação que localiza a infecção, coleta o pus. Milhões e milhões de homens já não acreditavam na liberdade, isto é, já não a amavam, não a sentiam como necessária, nela tinham apenas os seus hábitos, e bastava-lhes falar sua linguagem. Havia muito tempo que o Estado se fortalecia a partir de tudo que eles lhe entregavam de bom grado. Era tão somente a palavra *revolução* que eles tinham na boca, mas essa palavra, por uma cômica extravagância do vocabulário, significava Revolução Socialista, isto é, o advento triunfal e definitivo do Estado, com a Razão de Estado no topo do edifício econômico e, diante dela, o Monopólio de Estado, como numa daquelas alegorias pirotécnicas que outrora precediam a "girândola" dos fogos de artifício. Tinham somente a palavra *revolução* em sua garganta apodrecida, mas não era a deles que se preparava – imbecis! –, era a do Estado, que faria sua própria Revolução à custa deles, à custa do que lhes restava de liberdade. Eles sabiam disso muito bem, desejavam acabar o quanto antes com sua consciência, desejavam no fundo de si mesmos que o Estado os livrasse daquele resto de liberdade, pois não ousavam confessar que haviam chegado a detestá-la. Oh! Essa palavra, *ódio*, deve parecer um pouco excessiva, mas que importa! Odiavam a liberdade como um homem odeia a mulher da qual já não é digno: quero dizer que procuravam motivos para odiá-la. Odiavam o que lhes restava de liberdade, precisamente porque não lhes restava o suficiente para serem homens livres, mas apenas o suficiente para carregar seu nome, para que por vezes se esperasse que agissem como tais. Pensam que exagero? É porque vocês não conheceram os homens de 1920, é porque nunca olharam para eles. Bastava olhar para eles para compreender perfeitamente o que eles eram: filhos de uma raça cujo sangue, no decorrer de um século, se havia prodigiosamente empobrecido de suas substâncias misteriosas, daqueles hormônios desconhecidos que os químicos talvez descubram um dia nas veias do último homem livre, antes que a medicina totalitária o tenha tornado inofensivo por algum engenhoso procedimento futuro de esterilização... Falo-lhes aqui, como se dizia no tempo do romance realista, de uma experiência vivida. Em 1920, eu acabava de lutar na guerra, como todo mundo, tinha 32 anos, sabia escutar, sabia ver. Oh! É claro, eu tinha tão poucas ilusões quanto hoje em relação às pretensas Cruzadas da Liberdade, não pensava que "a porta do Paraíso sobre a terra se chamaria Verdun", como escrevia, na época, não sei que redator do jornal *Écho de Paris*. De fato, estava longe de esperar, acreditem, um período de prosperidade, de abundância e, sobretudo, de segurança. Eu me dizia: "Esta guerra certamente não será a última das guerras, mas com certeza durante muitos séculos não se verá de novo tamanha impostura. Os homens a quem se tenta enganar com uma paz de advogados desonestos e de gângsteres – que não seria, em suma, mais que uma liquidação entre cúmplices da maior das falências jamais vista – não se deixarão ludibriar: evidentemente, deitarão abaixo o sistema inteiro. Passaremos por tempos difíceis, mas, afinal de contas, a humanidade não esgotou todos os seus recursos, há de se renovar uma vez mais no interior do caos; é sempre pelas maiores convulsões que se anunciam as maiores restaurações da História" e patati, patatá... Nessa época, Paris era uma espécie de feira cosmopolita onde a canalha internacional dos Palácios e Vagões-Leito vinha curtir seu ouro em Montmartre, como um bêbado curte sua bebedeira. A temperatura ambiente, mesmo sob a chuva de fevereiro, era a de um salão de bordel; mas o franco caía abaixo de zero e os editores, que se haviam tornado histéricos com seus próprios reclames, à maneira de um basbaque que vê sua imagem reproduzida ao infinito num jogo de espelhos, descobriam um gênio por dia. Quem não viveu essa época não sabe o que é repugnância. Bastava aspirar o ar dos bulevares para sentir o odor das fossas que, no entanto, só viriam a se abrir dezenove anos depois. Existem, porém, nas profundezas do inverno, dias em que o perfume das sebes de pilriteiros – mesmo nuas ainda, sob a neve – nos alcança. Eu ia e vinha, ora feliz, ora infeliz, mas sempre trazendo no peito o buraco da angústia. Oh! Isso tampouco é uma imagem literária! Quem me conhecia então sabe que não minto. Eu ia e vinha, olhando pelas ruas, nos terraços dos cafés, na entrada das fábricas e dos canteiros de obras, aqueles homens que haviam sido durante cinco anos meus iguais, meus camaradas, aqueles rostos endurecidos pela guerra, aquelas mãos de soldado. Eles haviam sido desmobilizados classe por classe, da mesma forma como se organizariam granadas ainda ativas sobre prateleiras; visivelmente, porém, esses cuidados eram supérfluos. Eles só haviam sido perigosos, só seriam perigosos para o Inimigo, isto é, para aquilo que o Regulamento do Serviço em Campanha autoriza a designar por esse nome. Haviam combatido como cidadãos, haviam honrado em massa esse dever cívico, haviam ido para as trincheiras como para as urnas – muito mais tranquilamente, aliás, do que costumavam ir para as urnas, pois percebiam muito bem que o encargo era sério, e duraria mais tempo. A guerra estava longe de tê-los transformado em revoltados; nem chegou a transformá-los em aventureiros. Esses homens, que tantas vezes pareciam ter jogado a vida num cara ou coroa, eram os menos jogadores dos homens. Nunca haviam de fato jogado a vida num cara ou coroa, haviam-na engajado por inteiro numa tarefa – que, aliás, era realmente um ofício, um ofício que aprenderam como qualquer outro, no qual de início foram apenas aprendizes, isto é, recrutas, depois veteranos –, e não mostravam má vontade, sempre acabavam por concluí-la, sem nada fazer a mais, mas também sem atamancar, com aquela sua prodigiosa consciência operária. Não jogavam a vida num cara ou coroa, não a arriscavam, no sentido exato da palavra; alguém a arriscava por eles, e isso lhes parecia perfeitamente legítimo, ou, ao menos, inevitável. Enquanto a empreitada não estivesse concluída, teriam se envergonhado de discutir o assunto com o empreiteiro, mas prometiam a si mesmos viver tranquilos depois que saíssem do canteiro de obras. Naturalmente essa pintura não se parece com a dos calendários da guerra... Ah! Se Van Gogh tivesse podido pintá-los! Haviam se tornado heróis, mas à revelia de si mesmos, porque seu heroísmo consistia justamente em esquecer-se de si. Não queriam se enxergar como eram, enxergavam-se cada vez menos à medida que se elevavam mais alto; a santidade deles não podia sobreviver à guerra, estava ligada à guerra deles, consistia, justamente, nessa guerra; não sei como expressá-lo, ainda não tenho certeza de compreendê-lo, mesmo depois de tantos anos. É verdade que, um quarto de século atrás, quando eu os observava com o coração amargo, não lhes fazia justiça. Ficava irritado de vê-los se instalar com deferência num mundo que renegava abertamente sua grandeza e sua miséria, mas nada custava à humildade deles renegar a própria grandeza e, quanto a sua antiga miséria, envergonhavam-se dela, não falavam sobre o assunto com ninguém, temiam dar a impressão de esmolar. Quando eu lhes dizia: "Temos que ser muito canalhas para suportar que a França saia da guerra e caia no Carnaval!", olhavam-me com seu olhar inflexível, aquele olhar de aço com o qual mediam a distância de um buraco de obus a outro buraco de obus, ou a trajetória da granada, e me respondiam, divertidos: "Não precisa se preocupar com a França, rapaz!". Eles amavam a França, amavam-na como qualquer outra geração a havia amado, mas não sentiam que tinham algum direito sobre ela, e realmente não tinham. Fazia 150 anos que a palavra *Pátria* pertencia apenas ao vocabulário sentimental, os teóricos do Direito público haviam-na substituído pela palavra *Nação*, que, por sua vez, já quase não se distinguia do vocábulo *Estado*: o que o Estado pretendia obter do cidadão, ele o exigia em nome da Nação, a Nação era o pseudônimo da Razão de Estado. Para o homem de 1789, a Pátria era provavelmente, de acordo com a etimologia, a Terra dos Pais; de modo ainda mais natural, ainda mais real, era tudo o que ele havia recebido, tudo o que ele podia transmitir a sua família, tudo o que garantia essa transmissão: era sua própria família, imensamente aumentada, mas sempre reconhecível. E ainda que ele em particular não possuísse um único arpento de terra, um único escudo, a Pátria era os direitos, os privilégios – nos quais mesmo o mais pobre tinha sua participação –, tão numerosos, tão diversos, tão bem entrelaçados uns nos outros que, à leitura dos antigos tratados de Direito público ou privado, evocam irresistivelmente a imagem daquelas vastas, daquelas impenetráveis moitas onde, escondidos, os animais livres da floresta desafiam o caçador. Privilégio da pessoa, da família, do vilarejo, da paróquia, do ofício – sei lá eu! No século XVII, os limpadores de chaminé e os comissários saboianos formavam uma espécie de confederação que tinha suas leis, defendia ciosamente não apenas seus interesses, mas também sua honra, e fazia sua própria justiça – porque, naturalmente, os comissários que transportam cartas ou mercadorias e os limpadores de chaminé, cujo trabalho é entrar ou sair livremente pelas chaminés, devem estar acima de qualquer suspeita. Um deles, depois de comprovado o seu roubo, foi julgado por seus pares e enforcado. Para tais homens – e para todos, por mais miseráveis que fossem, que se assemelhavam a eles –, a Pátria podia ser isto ou aquilo, mas era também a honra de sua modesta profissão. A Pátria garantia assim, a cada francês, tudo que os distinguia uns dos outros, que os enriquecia ou honrava, e ela nada pedia, ao menos em aparência, pois os impostos não eram recolhidos em seu nome, e além disso não teria passado pela cabeça de ninguém que ela pudesse exigir indistintamente de todo francês de sexo masculino o sacrifício do sangue. A nobreza militar estava sujeita a essa exigência, mas desfrutava em contrapartida de privilégios particulares – toma lá, dá cá –, sendo seu heroísmo, aliás, menos constituído de patriotismo que de honra. Oh! Sem dúvida, um francês de outros tempos reconhecia perfeitamente que é belo dar à Pátria aquele testemunho que a Igreja por vezes pede a seus filhos; em ambos os casos, porém, o martírio lhe parecia ainda mais sublime por ser um ato excepcional e voluntário. Se no tempo de Jeanne Hachette todas as mulheres tivessem sido convocadas para o serviço militar, como provavelmente serão um dia, porventura o nome dessa heroína teria

PRIMEIRA PARTE – A FRANÇA CONTRA OS ROBÔS

chegado até nós? Quando o Estado totalitário impuser a qualquer um, sob pena de morte, os riscos cuja aceitação voluntária foi um dia suficiente para perpetuar o nome de um homem, quem distinguirá os corajosos dos covardes?

Para um francês de 1914, ao contrário, a palavra Pátria evocava instantaneamente a famosa estrofe: "Morrer pela Pátria é o mais belo destino, o mais digno de inveja!...". Digo-o sem exagero algum: para um homem dessa época – tão mediocremente burguesa, no entanto – a Pátria não era, primeiro e antes de tudo, o que torna a vida mais fácil e mais nobre, mas sim aquele Absoluto pelo qual se morre. A quem lhe perguntasse, por exemplo, qual é o símbolo da Pátria, um garotinho de 1900 não teria hesitado um segundo em responder: a Bandeira. E, ao pronunciar essa palavra *bandeira*, podem acreditar que ele não teria pensado nas jubilosas bandeiras das celebrações do 14 de Julho a flamejar contra o azul-celeste, mas antes num trapo rasgado e encharcado com o sangue dos corajosos. Nada poderia simbolizar a Pátria a seus olhos senão esse símbolo puramente militar. Seria provocar seu riso propor uma catedral, uma estrada, um rio tranquilo ou a antiga casa paterna, com seu campo e seu pomar. Quanto mais a ideia de Pátria assumia esse caráter implacável, tão contrário a nossa tradição, a nosso temperamento, a nosso gênio, mais se tornava estranha à maioria dos franceses, particularmente àqueles da classe operária, que não estavam longe de nela enxergar, com certa razão, um fanatismo religioso e uma espécie de clericalismo tricolor.

Para julgar o homem de 1914, o combatente de Éparges e de Verdun, é imprescindível levar em conta essa concepção da Pátria que pode ser considerada uma herança da Convenção – pois a Convenção foi a primeira a ousar formulá-la – e que os franceses só compreenderam graças às lembranças da escola, pois ela pertence à história romana, e não à história da França. No entanto, a imensa maioria dos operários e camponeses mobilizados em 1914 não tinha lembrança alguma da história romana, pelo simples fato de nunca a terem aprendido. Lembravam-se das definições do Manual de Instrução Cívica, ou dele haviam retido ao menos o essencial, que poderia se resumir assim: "O cidadão deve tudo a sua Pátria, até a última gota de seu sangue, mas a Pátria não lhe deve nada." Evidentemente eles não tomavam essas definições ao pé da letra, pois nesse caso já estariam maduros para qualquer tipo de fascismo. Nem por isso a Pátria havia deixado de se tornar para eles aquele Imperativo no qual, para o repouso do espírito e do corpo, é preferível pensar o menos possível. Será que pensavam muito a esse respeito no dia da mobilização? Não creio. Não, não creio. Querem que tente lhes dizer em que eles pensavam ao pegar o trem na Gare de L'Est e dentro de seus vagões floridos? Pois bem, pensavam em Guilherme, no Kronprinz, nos fidalgotes pomerânios com seu monóculo, no militarismo prussiano. Sobretudo no militarismo prussiano, pois era para eles, para os fidalgotes de monóculo, que transferiam seus velhos rancores contra o sargento. Também acreditavam na paz universal, pois eram pessoas decentes, velhos civilizados, para os quais a guerra era uma vergonha... Se vocês lhes falassem da França, eles assumiam de imediato aquele ar teimoso e dissimulado do mau aluno que ouve o sermão do capelão. E depois que você houvesse tocado essa música do repertório, todos eles troçariam de você, nas suas costas, sem malícia, a menos que suspeitassem que era você que fazia pouco deles... Incomoda-os ouvir-me falar tão francamente? Que importa! Eles tinham coisa melhor a fazer do que pensar na França, o que, aliás, graças às controvérsias da gente da direita e da gente da esquerda, se tornara uma tarefa difícil, ao alcance exclusivo dos professores primários e dos párocos. Tinham coisa melhor a fazer do que pensar na França, viviam aquelas horas importantes como seus ancestrais as tinham vivido, com simplicidade, com tranquilidade, com ternura humana também, pois partiam sem ódio. Ora, francamente, mais uma vez! Não podiam pensar na França do Antigo Regime, numa França tenebrosa que lhes havia sido pintada como uma colônia de trabalhos forçados. Teriam se envergonhado dela, teriam sentido vergonha de seus pais que, segundo parece, levaram sovas durante tantos séculos e tinham a mulher emprenhada sem cerimônias pelo senhor. Não apenas haviam difamado essa França a seus olhos, como haviam tomado o grande cuidado de nada lhes deixar dela que estivesse realmente a seu alcance – nem sequer um costume, nem sequer um falar regional, nem sequer uma canção. Quando essa boa gente olhava para uma catedral, não ousava admirá-la; calculava a altura das torres e imaginava os servos infelizes trepando até lá, sob o chicote dos contramestres. E também não lhes parecia muito empolgante pensar na outra França – a da Revolução, é claro, mas também a de Napoleão, o Grande, a de Napoleão, o Pequeno, a de Louis-Philippe, a da opressão capitalista, a das greves sangrentas, a dos baixos salários. Sendo assim, eles preferiam ser deixados em paz quanto à questão da Pátria, preferiam não ouvir frase alguma sobre essa Pátria, a respeito da qual teriam podido dizer o que diziam com tanta frequência sobre o bom Deus: "Só acreditamos no que vemos". Sim, sim, eu sei o que vocês responderão; responderão que essa França estava diante dos olhos deles, que era só eles olharem para ela através da porta do vagão que os carregava para seu destino. Antes de mais nada, responderei que esse vagão não tinha portas, era um vagão para animais, com um pouco de palha no interior. Que importa! Se os entendi bem, vocês gostariam que eles, depois de ter formado, por erro de seus mestres, uma ideia abstrata demais da França, fossem capazes de reconhecê-la, de tomar consciência dela pela visão de suas paisagens. Nada é mais difícil, contudo, do que tomar consciência de um país, de seu céu, de seus horizontes: é preciso muita literatura! Esses campos, esses prados, essas vinhas não lhes retratava a França porque neles não podiam fazer reviver, como nós, um passado que não conheciam. As velhas paisagens falam conosco por meio da velha história. Para eles, para essa gente boa que olhava através da estreita janela gradeada de seu vagão sem vidros, o que havia à sua frente eram terras boas ou ruins, terras para trigo ou para vinha, que sempre seriam terras boas ou ruins, fosse quem fosse o senhor delas, alemão ou francês. Para que elas lhes retratassem a França, foram precisos meses e meses de paciência e de um heroísmo jamais igualados. Quando, porém, salvaram essa França da única maneira de que eram capazes, quando a tomaram ao inimigo e voltaram tranquilamente para casa, como teria sido possível persuadi-los de salvá-la de novo? Eles já não teriam nada a retomar, ao menos nada que pudessem ver com seus olhos, tocar com suas mãos. Mesmo com os pés enraizados na argila pegajosa, as costas enregeladas pela chuva, a palma da mão queimada pelo fuzil, o ombro castigado pela coronha, e tendo à sua frente um canto qualquer de um bosque, coroado de um vapor azul e cuspindo fogo por todos os seus buracos escuros, por nada no mundo eles teriam reclamado da tarefa. No entanto, seis semanas depois do armistício, não conseguiam compreender que a França ainda pudesse precisar deles. Já não levavam a paz a sério; acho que nunca a respeitaram. Estavam tão enojados quanto eu com o carnaval do pós-guerra, olhavam com a mesma repulsa os gorilas de negócios americanos liquidando os estoques, as papa-gentes internacionais escoltadas por seus gigolôs, mas não sentiam em absoluto a necessidade de livrar a França desse lixo, não tinham vontade nenhuma de fazê-lo, eis a desgraça. Sua repulsa por aqueles milhões de jovens cínicos, ávidos de gozo, que colocavam o país em leilão, era antes jovial, destituída de raiva ou de ódio; poder-se-ia até acreditar que não lhes desagradava ver o Fundo[1] – aquele famoso "Fundo" cujo "Moral" lhes fora tantas vezes elogiado pelo Bulletin des Armées [Boletim dos Exércitos]: o Fundo aguentará firme! – mostrar assim a medida da sua profunda e secreta degradação. Pois um abismo se abrira pouco a pouco, ao longo daqueles quatro anos, entre o Fundo

---

[1] *Arrière*: trata-se do território e das populações que permanecem fora da zona de operações militares. A palavra foi empregada sobretudo durante a Primeira Guerra Mundial e tem caráter pejorativo. Refere-se não só às crianças, às mulheres e aos idosos, mas principalmente aos políticos, ao Estado-Maior, aos que se incumbiam da parte "administrativa" da guerra, sem correr os riscos do campo de batalha. (N. T.)

e a Frente de Batalha, um abismo que o tempo não viria preencher, ou só preencheria em aparência. Oh! Essa é uma observação que serei talvez o único a fazer; ninguém disputará comigo o mérito por ela, que é simples demais, que importa! Nos dias de Munique, que lembravam tão cruelmente os dias malditos de 1920 por uma ignomínia equivalente no egoísmo e na evasão – o espírito da Frente de Batalha e o do Fundo permaneciam tão inconciliáveis quanto outrora, embora muito tempo antes a Política já houvesse pervertido o primeiro. Essa oposição entre os dois Espíritos, que teria podido representar, vinte anos antes, um princípio de salvação, só serviu para tornar impossível qualquer verdadeira união dos franceses diante do inimigo. O Fundo e a Frente de Batalha, irreconhecíveis sob o nome de Esquerda ou de Direita, de *Front Populaire* ou de *Front National*, só se reconciliaram em duas ocasiões, por uma igual abdicação da honra, por uma igual renegação da antiga Vitória: em Munique e em Rethondes.

Fui injusto com o homem de 1920; não se poderia ficar decepcionado sem ser injusto. Foi a decepção, aliás, que me lançou na literatura, entrei no "Sol de Satã" – com o perdão da comparação – um pouco como o abade de Rancé decidiu se tornar trapista quando viu o rosto de sua amante pululando de vermes, com os cabelos loiros colados à fronte pelo pus da putrefação. Será que posso observar aqui, aos leitores que me honram com sua amizade, que eu já havia escrito isso em 1926, o mesmo ano da publicação do meu primeiro livro? A ideia não veio com a idade, pelas necessidades da causa, como a tantos outros escritores desejosos de facilitar a tarefa de seus futuros biógrafos. Fui injusto com meus antigos camaradas, imaginei-os capazes de reconstruir, de restaurar, ao passo que a guerra só lhes ensinara a destruir, e não a destruir ao acaso, conforme a inspiração do momento, a revolta da consciência, o grito das entranhas, mas pausadamente, metodicamente, pacientemente, sem raiva e conforme o plano traçado. Se lhes fosse pedido que se lançassem no meio desse carnaval com granadas nos bolsos, talvez tivessem explodido tudo, é claro, mas não poderiam ser menos anarquistas: vendo-se de novo lado a lado, ombro a ombro, logo teriam retomado os antigos hábitos, voltariam a ser um exército, com seus chefes, sua disciplina, sua gíria, sua camaradagem inflexível, capaz de todo o bem e de todo o mal, teriam dado a esse Exército um nome de Partido, ou antes alguém o teria dado por eles, e a Europa teria contado, assim, com um fascismo a mais. Foi justamente isso que não havíamos compreendido: as guerras de outrora, as guerras políticas, as guerras de soldados, forjavam heróis ou bandidos, a maioria heróis e bandidos ao mesmo tempo. Já a guerra moderna, a guerra total, trabalha para o Estado totalitário, fornece-lhe seu material humano. Forma uma nova espécie de homens, amaciados e alquebrados pela prova, conformados em não compreender, em não "tentar compreender", como se diz, argumentadores e céticos na aparência, mas terrivelmente pouco à vontade em meio às liberdades da vida civil, que jamais reaprenderão, ou que ao menos nunca mais lhes serão familiares – respeitosos da vida civil, do conforto da vida civil, como se não tivessem direito a isso, como se carregassem uma autorização falsa no bolso. Oh! Mais de um leitor, sobretudo se for jovem, ficará maravilhado com essa espécie de timidez. Imaginará facilmente que um cidadão recrutado que saiu vivo da guerra tenderia, em vez disso, a gabar-se de sua habilidade, de sua coragem, de suas forças. Com certeza foi assim outrora, no tempo da antiga guerra, da guerra dos homens. Mas realmente a guerra totalitária não poderia exaltar o orgulho de ninguém. Quem sai são e salvo dessa prodigiosa maquinaria não poderia render graças senão a Deus. "Sair vivo da guerra" não tem sentido muito maior do que "sair vivo de uma epidemia de cólera". Com a pequena diferença de que as grandes epidemias geralmente coincidem com um relaxamento proporcional dos costumes, pois os homens se consolam como podem de seus terrores, ao passo que a guerra total aperta todas as disciplinas, impõe ao homem não somente o sacrifício de sua vida, mas também o das últimas alegrias que lhe restam por viver, exercita-o a passar estoicamente seus últimos dias na privação de todos os prazeres, proíbe-lhe até aquelas grosseiras revanches, aqueles extravasamentos bestiais constituídos outrora pela pilhagem das cidades invadidas... Pois a guerra total é tão cruel e puritana quanto anônima; ela forma, por métodos que não estão longe de se assemelhar a uma transposição sacrílega e irônica dos *Exercícios* de Santo Inácio, uma espécie de homens – *perinde ac cadaver* – capaz de todas as formas de submissão e violência, que passa indiferentemente de umas a outras, uma espécie de homens da qual o Totalitarismo colhe ao acaso milhares de basbaques uniformizados para seu cerimonial religioso, de feras inteligentes para sua polícia e de carrascos para seus campos de concentração. Não digo que a sociedade moderna não tenha conseguido formar na paz, graças a seus admiráveis métodos de deformação das consciências, um homem totalitário; mas não é menos verdadeiro que foi na guerra que ela apressou prodigiosamente seu amadurecimento. Aliás, talvez seja ocioso distinguir a Sociedade Moderna da Guerra Total: a Guerra Total é a própria Sociedade Moderna, em seu mais alto grau de eficiência.

6

Quando se compara o homem de 1939 ao de 1914, e esses dois homens a seu ancestral comum de 1789, parece que nossa matéria humana nacional – para empregar a expressão em voga – se empobreceu tremendamente. Mas e se o mundo, a vida, é que fosse mais miserável ainda? E se a matéria humana francesa tivesse permanecido rica demais, viva demais para um mundo igualitário, onde a uniformidade faz as vezes de ordem?...

Em 1789, nosso prestígio espiritual era imenso, nada se teria encontrado de comparável desde Atenas e Roma. O estrangeiro que permaneceu fiel a nós ama-nos exatamente pelas mesmas razões que o fizeram amar-nos 150 anos antes. A França de 1789 ainda está presente por toda a parte – sim, por toda a parte presente, até nas mais longínquas cidades brasileiras, perdidas na floresta anã e retorcida, fervilhante de insetos ou de répteis, no deserto vegetal que a estação seca recobre com uma espécie de tosão cinza e fúlvido de odor ferino... Falo do que conheço. A França amada é a França de Rousseau, a mesma França da qual se orgulhava aquela sociedade que teve Watteau como pintor – a um só tempo tão natural e tão refinada, tão violenta e tão acomodável, de espírito tão lúcido, nervos tão firmes e, no entanto, tão fácil de emocionar com piedade ou raiva, de "tocar nas entranhas" – como se dizia naquele tempo –, mas apenas nas entranhas, pois o coração era então quase tão lúcido quanto o espírito. A França amada é sempre a que nos retrata, em suas *Memórias*, o jovem Ségur, a França das ideias novas, daquelas ideias que tanto têm servido aos homens por séculos, que tanto têm passado e repassado de mão em mão, e que, conforme se imagina, são sempre tão brilhantes, tão puras, diamantes, rubis, safiras, da cor da bandeira. A França amada é sempre a França revolucionária de La Fayette e Rochambeau, que é muito exatamente o oposto da França de 1920. A França da Guerra da América, sempre tão profundamente enraizada no povo, agarrada ao povo por todas as suas raízes, mas cujos galhos mais altos se vergavam e estalavam ao vento. Um povo muito mais próximo do povo cristão do século XIII, pela solidez, pela simplicidade, pela dignidade de seus costumes do que o será, apenas alguns anos mais tarde, por exemplo, o povo da Monarquia de Julho. Naquele tempo, de fato, era o povo que "conservava" – sobretudo o povo camponês, do qual não se poderia excluir o pequeno senhor feudal, não raro mais pobre que seu agricultor –, ao passo que as elites ardiam por se lançar no futuro através da menor brecha, num daqueles assaltos loucos e sublimes que sempre foram, precisamente, o método preferido de combate das elites francesas. Pois, de fato, são as juventudes aristocráticas e burguesas que se inebriam com as ideias novas como com vinho novo, não apenas em Paris, mas nos confins das mais distantes províncias; são elas que sorriem de tudo, não por insolência vã, mas para se animar a pôr tudo em questão, a tudo arriscar, a tudo ousar. Dir-se-ia que elas querem a tudo rever com um olhar imparcial, um olhar novo e uma consciência tão nova quanto o olhar, uma consciência limpa e reta, como uma grande estrada régia lavada e nivelada pela pancada de chuva. Acredito ser hoje quase impossível fazer uma ideia da prodigiosa disponibilidade desses espíritos que nada surpreende. Quando escrevo *disponibilidade*, não pretendo em absoluto aludir ao sr. Gide. O sr. Gide não é um homem da antiga França. A disponibilidade do sr. Gide é a de um homem formado pelo moralismo mais estreito, e que acaba por se achar diante deste último na situação paradoxal de um ateu que injuria a Deus, provando assim que nunca deixou de crer. O mínimo que se pode dizer é que, no sr. Gide, é visível a marca dolorosa das correntes por ele arrastadas. As pessoas sobre as quais acabo de escrever haviam sido educadas em uma sociedade fortemente hierarquizada, é claro, mas cujo Código principal e único era o *Savoir-Vivre*, isto é, muito menos um Código que uma Arte, a arte de dar a cada um o que lhe é devido, e até um pouco mais, de todo bom grado possível. O *Savoir-Vivre*, dizia a marquesa de Créquy, é dar espírito aos tolos. A extraordinária sociabilidade dos homens desse século, no entanto tão pouco devoto, tão libertino, parece um último reflexo da antiga fraternidade dos Cristãos. Sua indulgência é maravilhosa. Piron, suspeito de ser o autor de sua obscena *Ode a Príapo*, é convocado pelo Magistrado – se não me engano, o imponente presidente d'Aligre. "Meu jovem", disse ele, "tens muito talento, mas foste um pouco longe, essa infantilidade poderá prejudicar-te a carreira. Permite que eu diga que a peça é de minha autoria...".

Em 1789, as elites estão em seu lugar, isto é, na vanguarda. Cento e cinquenta anos depois, as elites estarão atrás, a reboque, e isso lhes parecerá coisa muito natural; é ao povo que pretenderão deixar o risco, a pesquisa. Classes dirigentes que recusam mover-se um milímetro, o que se poderia imaginar de mais absurdo?

Como dirigir sem guias? As classes dirigentes recusam mover-se, mas o mundo se move sem elas.

A França amada ainda é a França de 1789, a França das ideias novas. Perto dessa França, como a do século XIX parece triste! Oh! Não quero de forma alguma difamar esse século, como Léon Daudet o fez outrora, num livro infelizmente destinado a regozijar uma espécie particular de imbecis que, aliás, ele desprezava; digo apenas que, mesmo com todas as suas invenções e seus grandes homens, a França do século XIX é triste. A França do século XIX parece estar de luto por sua revolução fracassada. Começou por vestir os franceses de preto. Nunca, em tempo algum de nossa história, os franceses estiveram tão funereamente emplumados; o galo gaulês se transmutou em corvo. A vestimenta é triste e feia, a arquitetura é feia e triste. O homem do século XIX construiu casas que se assemelham a ele, e abrigou o bom Deus tão mal quanto a si mesmo. As igrejas do século XIX são tristes e feias. Meu Deus, sei muito bem, há a pintura, a poesia, a música; o gênio da França não sofreu eclipse. Aí reside, justamente, o valor e o interesse dos sinais que acabo de apontar. Quando um homem está arrasado pela tristeza, o povo diz, à sua maneira, que ele "está descuidado". A preocupação com as coisas familiares, mais ligadas à vida cotidiana, é uma preocupação de homem feliz.

Dirão alguns que essa alteração do gosto, essa tripla decadência da arquitetura, do mobiliário, da vestimenta foi generalizada na Europa do último século. Ora, nada mais natural, visto que, com respeito ao vestuário, à moda, à arquitetura, era a França que dava o tom! A França do século XIX está de luto por sua Revolução fracassada e a Europa a imita, pela força do hábito. Oh! Sem dúvida, minha maneira de escrever a história os surpreende, ou irrita! Seria mais de seu agrado me ouvir dizer que a França era triste antes de 1789, e desde então não parou de rir e dançar, mas prefiro estar de acordo com os fatos a estar de acordo com vocês. É a França que me esforço por compreender, e não vocês. Reflitam um pouco, mesmo assim. Vocês nunca deixam de se enternecer diante de Waterloo. A Revolução fracassada de 1789 é um desastre que deveria impactar-lhes muito mais cruelmente a imaginação ou, melhor dizendo, o desastre de Waterloo é tão somente um episódio, entre muitos outros, do desastre nacional da Revolução fracassada. O Império foi como que engolido por Waterloo, que aí perdeu corpos e bens, mas o Império não tinha nem quinze anos. Em contrapartida, no curto lapso de tempo que vai das festas da Federação ao Nove de Termidor, passando pela morte dos Girondinos, poder-se-ia escrever que foram a pique – de bandeira erguida e atirando por todas as portinholas – as experiências e as esperanças de vários séculos! Pode-se pensar o que se quiser de Robespierre, mas é perfeitamente permitido acreditar que a terrível repressão do Incorruptível foi, em parte, justificada. Certamente a Revolução já estava apodrecida muito antes que o Nove de Termidor fizesse a podridão esguichar por toda parte. Época alguma da história da França foi tão podre como o Diretório. No entanto, seja lá o que se pense de Robespierre, o certo é que, infelizmente, a gente boa que dançou três noites seguidas na praça da Federação e esvaziou tantas garrafas em honra do Paraíso da Fraternidade, cuja soleira acreditava ter atravessado, estava – para empregar a expressão então em voga – "bestialmente" longe de prever que um pouco mais tarde se encontraria arruinada pela Bancarrota, dizimada pela guerra civil, com as famílias dispersadas pelo alistamento, até a chegada do Bloqueio Continental e do Império... Vinte e cinco anos de guerra é tempo demais – afinal de contas... – quando se acreditou no advento da Razão e da Paz Universal! Com certeza é difícil acreditar que a França só teria vindo a ser a mais rica, a mais populosa, a mais culta, a mais célebre, a mais invejada de todas as nações com o único intuito de desembocar num sistema social e econômico absolutamente contrário à Declaração dos Direitos do Homem, e que não parou de favorecer os imperialismos – imperialismos esses dos quais sua missão histórica era proteger a Europa –, a ponto de haver perdido, em um século, sua fortuna e seu poder, inclusive seu poder militar, seu poderio e seu prestígio militar, acontecimento inacreditável, imprevisível! Não cessarei de repeti-lo, de tantas formas quantas forem úteis, na esperança de abalar algumas consciências: os homens de 1789 acreditavam sinceramente que a França havia alcançado tão alto nível de cultura que só dependia de sua vontade, de sua inteligência, libertar o gênero humano, não apenas das tiranias, mas até mesmo – num prazo mais ou menos curto – das disciplinas sociais, estando o cidadão apto a agir conforme sua Razão, sem nenhuma necessidade de restrições. Hoje se pode sorrir dessas ilusões, mas elas foram evidentemente as de um povo que transbordava de confiança em si mesmo. Acrescento que elas não parecem ter soado ridículas ou muito presunçosas aos contemporâneos. Na Alemanha, na Áustria, na Rússia, os espíritos esclarecidos não estão longe de acreditar, de fato, nessa Idade de Ouro. Ao menos julgam o povo francês mais capaz que qualquer outro de demonstrar, num futuro próximo, que uma nação realmente civilizada pode prescindir de tribunais e policiais. Eis precisamente a razão pela qual não se poderia comparar a Revolução Francesa com a Revolução Russa de 1917, por exemplo. O povo russo de 1917 era um povo oprimido havia séculos, e mal saído da servidão. Não pretendo sugerir que a massa tivesse consciência de sua condição miserável em comparação aos outros povos da Europa, mas não se poderia dizer que, depois de três anos de guerra, traída pelos generais, vendida pelos ministros, ela fosse capaz de algum outro sentimento além do desespero, aquele desespero que a genialidade de Lênin, a dedicação e a vontade de alguns milhares de verdadeiros marxistas – quase todos judeus, aliás, muito diferentes, portanto, dos mujiques tais como Gorki os retratou em suas inesquecíveis memórias de infância – exploraram em proveito de uma política revolucionária realista, lúcida, inflexível. Nossa Revolução de 1789 começou na poeira e nas canções de um verão jubiloso – o mais ensolarado que se havia visto naqueles últimos cinquenta anos, como depois escreverá Varangeville, com o litro de vinho a dois soldos. A Revolução Russa nasceu na lama de uma desorientação total. É possível, e até provavelmente exato, que os filhos dos mujiques que, em 1917, descartavam seus equipamentos, aos milhares, às centenas de milhares, nas estradas sem fim, estivessem então convencidos, como os homens de 1789, de que libertariam o gênero humano. Nem por isso tal convicção lhes foi menos imposta pouco a pouco pela propaganda. Ela foi a consequência – e uma consequência distante – de sua revolução, ao passo que uma fé semelhante foi outrora a causa da nossa. Infelizmente, a maioria dos leitores decerto não tirará hoje grande proveito dessas distinções necessárias.

Faz-se pouco da gente simples que gosta de falar das nações como se estas fossem pessoas, mas é a gente simples que tem razão. A gente simples simplifica, e o que haveria de melhor? Não simplifica evidentemente da mesma maneira que o gênio, mas que importa! Oh! É claro, a vida de um povo não é menos cheia de contradições que a de qualquer um, e os curiosos desperdiçam muito tempo e engenhosidade em contabilizá-las e até em descobrir contradições imaginárias. Os curiosos sempre são vítimas de sua curiosidade. Explicam tudo, e nada compreendem. Esses belos espíritos não apreciam ouvir dizer que a França se decepcionou, consideram a imagem rudimentar, grosseira, desejá-la-iam mais nuançada. Fazer o quê! Suponham que se perguntasse a um homem culto do século XIII, do século XV ou do século XVII: "Como você imagina a sociedade do futuro?". Ele logo teria pensado em uma civilização pacífica, muito próxima da natureza e, ao mesmo tempo, prodigiosamente refinada. Ao menos foi para uma civilização desse tipo que a França se preparou durante sua longa história. Milhões de espíritos em todo o mundo se preparavam para isso junto com ela. Compreende-se muito bem, agora, o erro deles. A invasão da Maquinaria pegou essa sociedade de surpresa: ela como que desmoronou bruscamente embaixo desse peso, de modo surpreendente. É que ela nunca havia previsto a invasão da Máquina; a invasão da máquina era, para ela, um fenômeno inteiramente novo. Até então o mundo só havia conhecido instrumentos, ferramentas – mais ou menos aperfeiçoados, sem dúvida –, que eram como o prolongamento dos membros. A primeira máquina de verdade, o primeiro robô, foi aquela máquina de tecer algodão que começou a funcionar na Inglaterra por volta de 1760. Os operários ingleses a destruíram, e alguns anos depois os tecelões de Lyon deram o mesmo destino a outras máquinas semelhantes. Quando éramos jovens, alguns bedéis se esforçavam para nos fazer rir desses ingênuos inimigos do progresso. Quanto a mim, não estou longe de acreditar que eles obedeciam ao instinto adivinhatório das mulheres e das crianças. Oh! É claro, sei que não poucos leitores receberão com um sorriso uma confissão como essa. Fazer o quê? É uma chatice refletir sobre certos problemas que, por puro hábito, acreditávamos resolvidos. Prefeririam classificar-me de imediato entre os maníacos que protestaram um dia, em nome do pitoresco, contra o desaparecimento do famoso córrego lamacento da *Rue du Bac*... Ora, não sou em absoluto um passadista, detesto todas as formas de beatice supersticiosa que traem o Espírito pela Letra. É verdade que amo profundamente o passado, mas porque ele me permite compreender melhor o presente – compreendê-lo melhor, ou seja, amá-lo melhor, amá-lo mais utilmente, amá-lo apesar de suas contradições e suas burrices que, vistas através da História, têm quase sempre um significado comovente, que desarma a raiva ou o desprezo, que nos anima de fraterna compaixão. Em suma, amo o passado justamente para não ser um "passadista". Desafio quem quer que seja a encontrar em meus livros alguma daquelas pieguices sentimentalistas de que são pródigos os devotos dos "bons e velhos tempos". Aliás, "bons e velhos tempos" é uma expressão inglesa, que corresponde perfeitamente a não sei que bobice desses insulares que se enternecem diante de qualquer relíquia, assim como uma galinha choca indiferentemente um ovo de galinha, de perua, de pata ou de casuar, apenas para apaziguar certa comichão que sente no fiofó. Nunca pensei que a questão da Maquinaria fosse uma simples querela entre Antigos e Modernos. Entre um francês do século XVII e um ateniense da época de Péricles ou um romano do tempo de Augusto há mil traços comuns, ao passo que a Maquinaria nos prepara um tipo de homem... Ora, de que adianta lhes dizer que tipo de homem ela nos prepara! Imbecis! Não são vocês os filhos ou os netos de outros imbecis que, no tempo de minha juventude, diante do colossal Bazar que foi a pretensa Exposição Universal de 1900, se comoviam com a nobre emulação das concorrências comerciais, com as lutas pacíficas da Indústria?... De que adianta, visto que a experiência de 1914 não lhes bastou? Aliás, a de 1940 tampouco lhes bastará. Oh! Não é com vocês, não, não é com vocês que eu falo! Trinta, sessenta, cem milhões de mortos não os desviariam de sua ideia fixa: "Ir mais rápido, seja qual for o meio." Ir rápido? Mas para onde? Como isso tem pouca importância para vocês, imbecis! No exato momento em que vocês leem essas duas palavras – ir rápido –, por mais que eu os chame de imbecis, vocês já não me acompanham. Seu olhar logo vacila, toma uma expressão vaga e teimosa de criança malvada que tem pressa em voltar a seus devaneios solitários... "Café com leite em Paris, aperitivo em Chandernagor e jantar em São Francisco"... Dá para acreditar?! Oh! Na próxima guerra inevitável, os tanques lança-chamas poderão cuspir seu jato a uma distância de dois mil metros, em vez de cinquenta, o rosto de seus filhos pode ferver instantaneamente e os olhos deles podem saltar de sua órbita! Seus cães! Quando vier a paz, vocês recomeçarão a se parabenizar pelos progressos mecânicos. "Paris–Marselha em quinze minutos, mas que formidável!" Porque seus filhos e filhas podem se arrebatar: o grande problema a ser resolvido será sempre o de transportar suas próprias carnes na velocidade do relâmpago! Do que estão fugindo, imbecis? A desgraça é que vocês estão fugindo de si mesmos – cada um de vocês foge de si, como se esperasse correr rápido o suficiente para sair enfim de seu invólucro de pele... Não se pode compreender absolutamente nada sobre a civilização moderna sem antes admitir que ela é uma conspiração universal contra toda espécie de vida interior. Que lástima! E, no entanto, a liberdade está somente dentro de vocês, imbecis!

Quando escrevo que os destruidores do tear mecânico provavelmente obedeciam a um instinto adivinhatório, quero dizer com isso que sem dúvida teriam agido da mesma maneira se pudessem então ter concebido, por milagre, uma ideia nítida do futuro. A objeção que vem aos lábios do primeiro que aparece, tão logo se ponha em questão a Maquinaria, é que seu advento representa um estágio de evolução natural da Humanidade! Deus meu, sim, eu reconheço, essa explicação é muito simples, muito tranquilizadora. Mas será a Maquinaria uma etapa ou o sintoma de uma crise, de uma ruptura do equilíbrio, de uma falência das altas faculdades desinteressadas do homem em favor de seus apetites? Eis uma pergunta que mais ninguém aprecia fazer. Não falo da invenção das Máquinas, falo de sua multiplicação prodigiosa, à qual nada parece pôr um fim, pois a Maquinaria não cria apenas as máquinas, mas tem também os meios para criar artificialmente novas necessidades que garantirão a venda de novas máquinas. Cada uma dessas máquinas, de uma maneira ou de outra, acresce algo à potência material do homem, isto é, a sua capacidade para o bem e para o mal. Como ele se torna a cada dia mais forte, mais temível, seria necessário que a cada dia ele se tornasse melhor. Ora, nenhum apologista da Maquinaria, por mais desavergonhado que seja, ousaria pretender que a Maquinaria moraliza. A única Máquina que não interessa à Máquina é a Máquina de fazer o homem desgostar da Máquina, isto é, desgostar de uma vida inteiramente orientada pela noção de rendimento, de eficiência e, finalmente, de lucro.

Detenhamo-nos nessa palavra, *lucro*: talvez ela nos dê a chave do enigma. Se os operários de Manchester tivessem o dom da clarividência, o diálogo entre esses homens livres e o proprietário da Máquina seria fácil de imaginar: "O quê? Seus miseráveis, vocês acabaram de quebrar uma máquina que me custou muito caro, sob o pretexto inútil de que ela os condena ao desemprego, isto é, à miséria, e pela miséria, à morte. Infelizmente, a lei do Progresso é a lei da Natureza. É lamentável, é claro, que vocês percam a vida, ou pelo menos todas as razões que os fazem preferir a vida à morte, mas fazer o quê? Sou o instrumento irresponsável de um sacrifício necessário, o instrumento da Providência, por assim dizer. Vocês não iriam querer, afinal de contas, que eu desempenhasse esse papel a troco de nada? Por mais elevados que sejam, meus lucros serão sempre legítimos. Quanto a vocês, consintam em desaparecer. Esse ajuntamento um tanto estranho de ferro e madeira que acabou de ser consumido pelo fogo num canto do pátio faz o trabalho de vocês melhor que vocês. Resignem-se! É vergonhoso pensar apenas no próprio estômago. Em vez disso, tratem de imaginar o futuro. Estamos em 1745. Admito que a revolução econômica, a cujos primórdios assistimos juntos, provocará inicialmente alguma desordem. Admito a necessidade de um período de adaptação. Este durará dez anos, vinte anos, talvez cinquenta. Estamos em 1792, época bendita! Cinquenta longos anos atrás, as cabeças fortes da Europa, em vez de se entregar como outrora a trabalhos de luxo em que o essencial é sacrificado ao supérfluo, isto é, o Útil ao Verdadeiro, ao Justo, ao Belo – quanto aos quais, aliás, ninguém está de acordo –, terão consagrado toda a sua genialidade a invenções práticas e pacíficas... A Paz! Imaginem, meus amigos, que atualmente a guerra é obra de um pequeno número de soldados profissionais (isto é, aventureiros ou preguiçosos pouco capazes de uma profissão honesta) e de um número ainda menor de nobres educados no preconceito da honra. Vocês já podem pressupor que o primeiro cuidado de uma sociedade dedicada ao comércio e à indústria será o de desviar os cidadãos desse ofício. Que inimigo maior poderia haver para o comércio e a indústria do que a guerra? Em 1792, será provavelmente muito difícil obter permissão para ser soldado. A partir do momento em que não houver outro valor no mundo além do trabalho e da riqueza, quando Marte tiver perdido seu trono para Mercúrio, quem aceitaria ver um camponês ser arrancado de seu arado, um operário, de sua bancada? A guerra foi inventada por nobres, e deve desaparecer com eles. Tenho de reconhecer, no entanto, que certos astrólogos amigos meus predizem alguns conflitos para o fim deste século, ou antes alguns encontros de bandos armados, facilmente dominados pela polícia, sem dúvida. Cinquenta anos depois, pelo que dizem esses astrólogos – isto é, por volta de 1870 –, serão observadas as mesmas turbulências, que voltarão a se reproduzir por volta de 1914 e até por volta de 1940. Mil novecentos e quarenta! Não resta dúvida de que essa guerra – se é que ela merece esse nome – encherá de horror uma humanidade composta em sua quase totalidade de homens pacíficos e laboriosos. Hoje ela não deixaria de parecer uma brincadeira de crianças, uma daquelas disputas fraternas que terminam com golpes cuja violência é freada pela amizade fraterna. Quem vier a conhecer tal guerra atenuada, humanizada, mal poderá imaginar, por exemplo, batalhas como a de Fontenoy, quase indigna de lobos e ursos. Ora, meus amigos, será pagar caro demais – a preço de alguns anos de desemprego ou baixos salários – a reabilitação, a redenção da nossa espécie? Sim, pois essa redenção é garantida. Os espíritos malévolos sem dúvida não estão proibidos de prever a invenção de algumas máquinas capazes de prejudicar os homens. No entanto, o simples bom senso o anuncia, tais máquinas nunca passarão de um punhado. A Humanidade pode sofrer crises violentas, perder por um instante o controle de suas altas faculdades, mas a invenção e a construção das máquinas exigem muito tempo, muita reflexão, muito labor. Exigem também muito ouro. Será permitido acreditar, sem ser louco, que a Humanidade laboriosa um dia partilhará seus trabalhos e capitais na intenção de se destruir? Será permitido acreditar que os detentores do Saber e da Riqueza – a elite das Nações – vão se associar nessa obra perversa?"

Ignoramos se tais palavras teriam sido compreendidas pelos operários revoltados. Teriam convencido ao menos o delegado e os policiais. Que importa! Depois de haver assim dado voz ao industrial – sem grandes preocupações com a verossimilhança, confesso –, permitam-me levar mais longe a fantasia e supor que um pobre coitado de um tecelão houvesse de súbito recebido o dom da eloquência e da profecia, como a jumenta do profeta Balaão. "Uma ova!", teria dito esse inglês em sua língua. "O senhor acaba de argumentar como se suas máquinas tivessem sido concebidas com o mesmo intuito que as ferramentas do passado. Nossos ancestrais se serviram de uma pedra segurada na palma da mão à guisa de martelo, até o dia em que, de aprimoramento em aprimoramento, um deles imaginou que a pedra poderia ser fixada à ponta de um bastão. É garantido que esse homem genial, cujo nome infelizmente não chegou até nós, inventou o martelo para seu próprio uso, e não para vender a patente a uma sociedade anônima qualquer. Não desconsidere levianamente essa ressalva. Pois suas futuras artes mecânicas fabricarão isto ou aquilo, mas serão em primeiríssimo lugar, serão naturalmente, essencialmente, mecânicas de fazer ouro. Muito antes de estar a serviço da Humanidade, servirão aos vendedores e revendedores de ouro, isto é, aos especuladores: serão instrumentos de especulação. Ora, é muito menos vantajoso especular em cima das necessidades do homem do que de seus vícios e, entre esses vícios, não será a cupidez o mais impiedoso? O dinheiro se agarra mais estreitamente a nós que nossa própria carne. Quantos de bom grado não dão o próprio filho ao Príncipe e não extraem honra da morte de seu rebento, mas recusam ao Estado a inteireza de sua fortuna, ou mesmo parte dela? Predigo que a multiplicação das máquinas desenvolverá de maneira quase inimaginável o espírito de cupidez. Do que esse espírito não será capaz? Para nos falar de uma República pacífica composta de comerciantes é preciso realmente que o senhor se reserve o direito de troçar de nós! Se os lojistas de hoje medem as almas com mais perícia do que manejam a espada, é porque não têm interesse algum nas guerras. Que lhes importa uma província a mais ou a menos dentro do Reino? Quando tiverem diante de si os concorrentes, o senhor verá como contemplam com olhos secos as mais pavorosas carnificinas; o odor dos cadáveres amontoados não os impedirá de dormir. Em suma, no dia em que a superprodução ameaçar a especulação sob o peso crescente das mercadorias invendáveis, suas máquinas de fabricar vão se tornar máquinas de matar – isso, sim, é fácil de prever. O senhor me dirá talvez que certo número de experiências infelizes acabará por convencer os especuladores, a ponto de torná-los filantropos. Não, lastimavelmente. É universal a experiência de que perda alguma é capaz de curar de seu vício um autêntico jogador; o jogador vive mais de suas decepções que de seus ganhos. Não vá me responder que os grandes especuladores cedo ou tarde serão forçados à sensatez pela multidão da gente simples e humilde. O espírito de especulação se alastrará por todas as classes.

Não é a especulação que vai derrubar este mundo, mas a corrupção que ela engendra. Para curar-nos de nossos vícios, ou ao menos ajudar-nos a combatê-los, o temor a Deus é menos potente que o medo do julgamento de nosso próximo e, na sociedade que vai nascer, a ganância não será vergonha para ninguém. Quando o dinheiro é honrado, o especulador também o é. A inveja será motivo muito maior de receio do que o desprezo; não esperemos, portanto, o despertar das consciências. Quanto à revolta dos interesses, temos todas as razões para prever que ela só poderá explodir depois de grande número de crises e de guerras tão pavorosas que terão gasto antecipadamente as energias, empedernido os corações, destruído na maioria dos homens o sentimento e as tradições da liberdade. Os especuladores serão então tão numerosos, tão poderosos, que os povos desesperados só conseguirão opor um único Tirano a cem mil. Dispondo das mecânicas, o Tirano, enquanto durar sua potência, parecerá menos um homem que um semideus. É fatal, porém, que cedo ou tarde o ouro venha a corrompê-lo igualmente. Isso porque, nas mais favoráveis circunstâncias, o homem não poderia ser mais que um semideus. O ouro, porém, será Deus."

Evidentemente, nenhum europeu do século XVIII teria falado assim, e é justamente isso que me aperta o coração ao escrever estas linhas, de pouco interesse nos dias atuais. Aqueles que enxergam na civilização das Máquinas uma etapa normal da marcha da Humanidade rumo a seu inelutável destino deveriam pelo menos refletir sobre o caráter suspeito de uma civilização que, de fato, não parece ter sido seriamente prevista nem desejada, que se desenvolveu com rapidez tão assustadora que lembra menos o crescimento de um ser vivo que a evolução de um câncer. Para repeti-lo uma vez mais, será que cabe rejeitar definitivamente a hipótese de uma crise profunda, de um desvio, de uma perversão da energia humana? Oh! Meu Deus! Os fatos mais simples sempre nos escapam, passam através de nossa atenção como através de um crivo; nada despertam em nós. Se escrevo que, num punhado de anos, numa ridícula fração de tempo, o ritmo de vida se acelerou de modo prodigioso, responderão que isso é apenas um lugar-comum, que o fato não escapou a ninguém. O fato, porém, é que escapou às suas primeiras testemunhas. A sociedade em que eles entraram no dia em que nasceram passou quase sem transição da velocidade de uma pacata diligência à de um expresso, e quando eles olharam pela porta, era tarde demais; não se salta de um trem lançado a 120 quilômetros por hora numa linha reta.

O ritmo da vida se acelerou de maneira prodigiosa. Para a maioria dos leitores isso significa apenas que qualquer um pode viajar rapidamente. Trata-se na realidade de outra coisa. O avião-raio não passa de um símbolo. Imaginemos por exemplo um francês nascido por volta de 1770. A palavra *fortuna* evoca em sua mente certo número de ideias tradicionais. Extensões de terra fértil, agregadas pouco a pouco pelo trabalho de gerações sucessivas, heranças e alianças. Não foi assim que os Reis de três dinastias agregaram a França? Oh! Já espero aqui a objeção de vocês, parece que a leio em seus olhos. Vocês acreditam que pretendo impor-lhes, de passagem, uma imagem enternecedora e bucólica do antigo Regime. Absolutamente. Concordo, antes de ir mais longe, que essas fortunas tinham, elas também, sua parte de injustiças e mesmo de crimes. No entanto, essas injustiças e esses crimes eram injustiças particulares cometidas contra fulano ou sicrano. Seus mais longínquos beneficiários podiam sentir remorso ou vergonha e, de uma maneira ou de outra, ficar tentados a repará-las. Não eram injustiças e crimes indeterminados, anônimos, aos quais se associam secretamente, vergonhosamente, milhares de debenturistas e acionistas... Mas deixemos isso de lado, voltemos ao nosso compatriota de 1770. Eu queria dizer que esse francês teve de passar quase sem transição de um mundo em que a riqueza se constituía lentamente, de acordo com regras imemoriais, a outro mundo.

Esse é um fato único na História. As civilizações que precederam a das Máquinas foram decerto, elas também, sob muitos aspectos, o resultado de certo número de transformações morais, sociais ou políticas; no entanto, essas transformações se desenrolavam muito devagar, e como que no interior de um enquadramento imutável. O homem podia, assim, beneficiar-se com experiências ulteriores, mesmo que houvesse praticamente esquecido suas lições. A cada nova crise, recuperava reflexos de defesa ou adaptação que haviam, em casos quase semelhantes, servido a seus antepassados. Quando a civilização nova estava no ponto, o homem destinado a nela viver também estava no ponto; quase se poderia dizer que ele se havia formado antes dela. Ao passo que a civilização das Máquinas pegou o homem desprevenido. Serviu-se de um material humano que não fora feito para ela. A tragédia da Europa no século XIX e, em primeiro lugar, sem dúvida, a tragédia da França é precisamente a inadaptação do homem ao ritmo da vida que já não se mede pelo batimento de seu próprio coração, mas pela rotação vertiginosa das turbinas, e que, aliás, se acelera sem cessar. O homem do século XIX não se adaptou à civilização das Máquinas, e o homem do século XX tampouco. Que importam as risadinhas sardônicas dos imbecis? Irei mais longe, direi que essa adaptação me parece cada vez menos possível. Pois as máquinas não param de funcionar, funcionam cada vez mais rápido, e o homem moderno, mesmo à custa de caretas e contorções pavorosas, já não consegue manter o equilíbrio. Para mim, a experiência está concluída. "O quê? Num tempo tão curto? Dois séculos?" Oh! Perdão. Quando no início de um tratamento qualquer um doente apresenta fortes reações que pouco a pouco diminuem de intensidade, pode-se manter a esperança de uma habituação mais ou menos tardia. Se, porém, longe de se atenuar, os sintomas se tornam cada vez mais inquietantes, a ponto de ameaçar a vida do paciente, será que vocês considerarão apropriado prosseguir a experiência, imbecis?! Vocês responderão que não se deve perder a paciência, que todo o mal vem do fato de que as máquinas se aperfeiçoaram rápido demais para que o homem tivesse tempo de se tornar melhor, e que agora se trata apenas de recuperar esse atraso. Uma máquina faz indiferentemente o bem ou o mal. A uma máquina mais perfeita – isto é, de eficiência maior – deveria corresponder uma humanidade mais sensata, mais humana. Por acaso elas tornaram o homem mais humano? Eu poderia dispensar-me de responder; parece-me mais apropriado, contudo, definir melhor meu pensamento. É provável que as máquinas não tenham modificado em nada – ao menos até agora – a malvadez inata dos homens, mas elas exerceram essa malvadez, revelaram aos homens a potência dessa malvadez e que o exercício dessa potência não tinha, por assim dizer, limite algum. De fato, os limites que foi possível impor a essa potência ao longo dos séculos são sobretudo imaginários, estão menos na consciência que na imaginação do homem. É a repulsa que não raro nos preserva de ir além de certa crueldade – a lassidão, a repulsa, a vergonha, o desfalecimento do sistema nervoso –, e é mais frequente do que imaginamos darmos a essa repulsa o nome de piedade. O treinamento permite superar essa repulsa. Desconfiemos de uma piedade que Deus não abençoou e que não passa de um movimento das entranhas. Os nervos do homem têm suas contradições, suas fraquezas, mas a lógica do mal é rigorosa como o Inferno; o diabo é o maior dos lógicos ou talvez – quem sabe? – a própria Lógica. Quando líamos, em 1920, por exemplo, a história da guerra de 1870, espantávamo-nos com a indignação suscitada na época, e no mundo inteiro, pelo inofensivo bombardeio de Paris ou de Estrasburgo, pela subtração dos relógios de pêndulo e pela execução de alguns franco-atiradores. Em 1945, porém, teria sido igualmente possível sorrir diante dos artigos inflamados de trinta anos antes sobre o bombardeio de Reims ou a morte de Edith Cavell. Em 1950... de que adianta? Vocês permanecerão boquiabertos, apatetados, diante das destruições ainda mais inconcebíveis ocorridas no instante em que escrevo estas linhas, e dirão exatamente o que dizem hoje; lerão nos jornais os mesmos slogans, com certeza aprimorados para pessoas de sua laia, pois a última catástrofe como que cristalizou o imbecil; a partir de agora o imbecil já não evoluirá, eis a minha opinião; a partir de agora estamos em posse de certa espécie de imbecil capaz de resistir a todas as catástrofes, até que este planeta infeliz se tenha volatilizado, ele também, por algum fogo misterioso cujo futuro inventor será provavelmente um bebê. Que importa! Pelo fato de o homem de 1870 denunciar à consciência universal o roubo dos relógios de pêndulo, não temos em absoluto o direito de concluir que ele não fosse capaz de largar do alto de cidades adormecidas umas flores de dez mil quilos. Ele simplesmente não acreditava que uma canalhice dessas fosse possível, só isso. E se por acaso essa ideia lhe tivesse ocorrido, ele não teria detido nela o seu espírito. "São coisas" – teria dito – "que não se fazem". Ao longo de alguns milênios o número de coisas que não se fazem praticamente não variou. Nos últimos cinquenta anos, porém, essa lista foi reduzida a quase nada... Meu Deus, admito que o homem permaneça semelhante a si mesmo, ao longo dos séculos; que este ditado: "Existem coisas que não se fazem", embora aparentemente inspirado pela Moral, tenha um significado muito menos respeitável: este, por exemplo – "Existem abominações que não me sinto capaz de fazer". Mas não se apressem em tirar de tal hipótese conclusões tranquilizadoras demais. Os bandos de soldados da Guerra dos Cem Anos ou, pior, os companheiros de Pizarro eram seguramente umas bestas-feras. Para o soldado, a hora da pilhagem era, naqueles tempos, a hora privilegiada em que "todas as coisas são permitidas". Quando todas as coisas são permitidas, não é necessariamente verdadeiro que elas sejam todas possíveis. Se vocês perguntassem a um companheiro de Pizarro, ou ao próprio Pizarro, se ele se sentia capaz de degolar dez criancinhas, ele talvez respondesse com uma afirmativa. Mas vinte? Cem? Na impossibilidade de enternecer o coração deles, essa carnificina lhes teria provavelmente revoltado o estômago; eles acabariam por vomitar em suas mãos vermelhas. Esse vômito mais ou menos tardio teria assinalado, para eles, o limite de crueldade que não se poderia ultrapassar, sob pena de vir a ser um monstro irresponsável, um louco. Qualquer um, atualmente, do alto dos ares, pode liquidar com o máximo conforto, em vinte minutos, milhares de criancinhas, e só sentirá náusea em caso de mau tempo e se por infelicidade for sujeito a enjoo em aviões... Oh! Prezada leitora, é inútil agitar-se! Talvez seu marido, ou seu amante – o homem de sua vida –, pertença a esse corpo de bombardeadores e vista esse uniforme marcial. Imagino que ele sempre lhe demonstre, mesmo nos momentos de grande intimidade, os cuidados e as delicadezas de um ser de elite, e a senhora não admite que eu o compare a um mercenário alemão do século XVI ou a um degolador qualquer que certamente, se fosse o caso, a teria violentado na primeira esquina de uma rua em chamas, na calçada, sem nem se dar ao trabalho de limpar as mãos. Mas posso lhe dizer uma coisa? O que me faz desesperar do futuro é justamente o fato de que o esquartejamento, o esfolamento, a dilaceração de milhares de inocentes seja uma tarefa que um *gentleman* pode levar a efeito sem sujar os punhos da camisa, e nem mesmo a imaginação. Se o companheiro de Pizarro estripasse uma única mulher grávida, mesmo sendo ela uma índia, é provável que ele a visse reaparecer desagradavelmente em seus sonhos. Já o *gentleman* não viu nada, não ouviu nada, não tocou em nada – foi a máquina que fez tudo; a consciência do *gentleman* está em ordem, sua memória apenas se enriqueceu com algumas lembranças esportivas, com as quais ele deleitará, na hora de dormir, "a mulher de sua vida", ou aquela com quem ele engana "a mulher de sua vida". Será que agora vocês compreendem, imbecis? Será que compreendem que o massacre de milhares de inocentes não nos convida a desesperar do futuro? É de vocês que tais horrores nos convidam a desesperar, visto que tais abominações já nem suscitam um caso de consciência individual. Ainda que fossem dez vezes mais atrozes, nem por isso pesariam mais, ou pior: sua crescente enormidade ultrapassaria cada vez mais, atrevo-me a dizer, os limites relativamente estreitos da consciência pessoal. Quanto ao caso coletivo de consciência, poupem-me essa brincadeira! Não me façam rir! Não existe consciência coletiva. Uma coletividade não é uma consciência. Quando ela parece ter uma consciência, é porque nela subsiste o número indispensável de consciências refratárias, isto é, de homens suficientemente indisciplinados para não reconhecer ao Estado-Deus o direito de definir o Bem e o Mal. Prezada senhora, tenho dúvidas de que o ser de elite ao qual consagra seus ardores pertença a essa última categoria. Adivinho-o muito homem do mundo para não se achar no dever de ser "como todo mundo"; é provável, portanto, que ele não sinta em absoluto que tenha uma vocação de refratário. Sejamos justos, aliás! Quanto ao problema da guerra total, não há refratários, todos estão de acordo. Notei, inclusive, que nos últimos meses as pessoas se sentem dispensadas dos *ahs!* e dos *ohs!* e dos olhares para o teto com que certo número de mulheres sensíveis ou de eclesiásticos acreditavam dever receber a leitura dos relatórios de bombardeios. Sim, a velha senhora que recolhe os gatos errantes e o bom cônego que dota as sobrinhas pensam hoje sobre isso exatamente como um nazista ou um marxista. Perdoe-me, senhora, por colocar sob seus olhos esses dois nomes a partir de agora condenados. O objeto de seus cuidados, a testemunha de seus delírios só pode ser um soldado da Liberdade. No entanto, se o seu soldado da Liberdade for um antigo aluno dos Reverendos Padres Jesuítas – um católico mediano –, ele evidentemente não resolverá esse problema de consciência à maneira de um discípulo de Hitler ou de Stalin: simplesmente se recusará a formulá-lo, porque o Soberano Pontífice ainda não definiu com precisão esse ponto de casuística. De fato, por que esse bom rapaz não deveria dormir tranquilo, afinal? Desde as guerras da Etiópia e da Espanha, haverá poucas coisas que o cidadão católico revestido de um uniforme não terá o direito de se acreditar autorizado a fazer. Em tudo que tange à guerra, a Igreja tem uma tendência cada vez maior a colocar na conta da coletividade – a inscrever no balanço dos lucros e prejuízos – tudo que ela não consegue aprovar nem condenar. Estarei autorizado a assinalar, de passagem, que essas distinções sutis, destinadas a facilitar o trabalho dos Núncios, acabam por favorecer o prestígio das ideias totalitárias? Se a Coletividade, o Chefe, o Estado ou o Partido são considerados capazes de assumir a responsabilidade por atos dos mais atrozes – a ponto de o católico médio que os cometeu ter todo o direito de, uma vez realizada sua tarefa, ir ajudar à missa e receber a Santa Comunhão (contanto que, no curto trajeto do terreno de aviação até a Igreja, não tenha cometido o erro de olhar atentamente demais para as pernas de sua vizinha dentro do ônibus) –, como vocês querem que, com o tempo, tal cristão não forme a mesma opinião sobre esse Estado Onipotente que um discípulo de Hitler? Se tudo pode ser autorizado e tudo pode ser absolvido em nome da Nação, por que não em nome de um Partido ou do homem que o representa – o qual assume, assim, por uma caricatura sacrílega da Redenção, os pecados de seu povo! Como não se enxerga que, através dessa brecha aberta pelos casuístas e diplomatas da Igreja, tudo que faz a dignidade do homem pode desaparecer irremediavelmente? E não digam que foi sempre assim, que um soldado sempre se considerou uma espécie de instrumento irresponsável, uma máquina de matar. Eu lhes responderia primeiramente que se, de fato, tivesse sempre sido assim, nem por isso seria menos necessário proceder a um novo exame da questão. Porque o instrumento irresponsável de outrora, com seus dois braços, suas duas pernas e algumas armas cuja eficácia quase não variou durante milênios – um arcabuz do século XVI não era muito mais mortífero que um arco númida ou persa, e as guerras da Itália, na mesma época, estiveram, graças à armadura, entre as menos sangrentas da história –, agora vê seu poder de destruição multiplicado a cada dia por outras mecânicas, ainda mais irresponsáveis que ele. O instrumento de outrora se tornou não sei que prodigiosa associação de máquinas, entre as quais é por vezes difícil reconhecer a menos aperfeiçoada, a menos eficiente: a que é dotada de um cérebro. Ai de nós! A desgraça do mundo não é estar carente de verdades; elas continuam aí, o Mundo tem sempre sua cota de verdades; infelizmente, porém, já não sabe servir-se delas, ou melhor, não as enxerga. Ao menos não vê as mais simples, as que o salvariam. Não sabe vê-las porque fechou-lhes, não sua razão, mas seu coração. Que importa! Afirmo uma vez mais que o aviltamento do homem se reconhece por este sinal: para ele, as ideias já não passam de fórmulas abstratas e convencionais, uma espécie de álgebra, como se o Verbo já não se fizesse carne, como se a Humanidade retomasse, em sentido inverso, o caminho da Encarnação. Os imbecis são capazes de discutir indefinidamente sobre qualquer pergunta, mas tomarão todas as precauções para não formulá-la de maneira tal que sejam obrigados a responder... E, por exemplo, jamais dirão a si mesmos: "Ora essa! É verdade que o soldado moderno e suas mecânicas agora formam uma única e temível Máquina!". Em suma, tudo se passa como se, de súbito, o homem tivesse se transformado, em algumas décadas, ao longo de uma extraordinária crise de crescimento, num gigante de quarenta toneladas, capaz de abater dois ou três arranha-céus com um único murro, de saltar a uma altura de dez mil metros e correr com a velocidade do som. É claro, quando esse fenômeno tinha em média um metro e cinquenta e pesava sessenta quilos, ele já era perigoso o suficiente para que não lhe fosse permitido andar por aí sem sua consciência, mas hoje essa precaução é ainda mais indispensável. Dadas as dimensões do animal, uma única consciência nos parece, inclusive, bastante insuficiente – duas dúzias não seriam demais.

Infelizmente, quando se raciocina assim, a ideia, ao que parece – repito –, é que em todas as épocas o soldado nunca acreditou ser outra coisa além de um instrumento passivo. Nada seria mais falso. Não desejo em absoluto passar por um desses escritores que, por zelo apologético, falam sempre da antiga cavalaria com excessiva complacência, mas, afinal, mesmo o último dos imbecis não ousaria pretender que um cavaleiro do século XI ou XII fizesse uma ideia tão baixa de sua vocação militar. Longe de se acreditar um simples instrumento na mão de seus chefes, o cavaleiro se comprometia pessoalmente, por meio de votos tão solenes que nenhuma ordem e nenhuma necessidade o teriam coagido a faltar com eles. Comprometia-se, observem bem, não apenas abster-se de atos considerados criminosos, como também a praticar livremente outros atos que a estrita Moral não lhe poderia impor, e que eram apenas do âmbito de sua concepção pessoal da Honra, eram inspiração da Honra, como se diz de certos atos gratuitos dos Santos que são uma inspiração do Espírito. Quando um cavaleiro da Ordem do Hospital ou da Ordem do Templo jurava não se recusar ao combate, contanto que o número de adversários não fosse maior que três, ele certamente não estava em conformidade com a moderna guerra total, e particularmente a guerra total americana – pois o que o bom general Patton exigiria de seus *boys* como juramento, em vez disso, seria o de evitar lutar, tanto quanto possível, se eles não fossem três contra um... O que há de comum, eu lhes pergunto, entre a concepção individualista da guerra de um desses dois cavaleiros e a que exige a obediência cega e mecânica de um homem exonerado por seu ofício de toda obrigação moral e posicionado, assim, fora da lei moral, fora da lei? A guerra sempre foi uma ciência, evidentemente, mas no passado foi também uma arte, e nossos antepassados cristãos até chegaram a fazer dela uma espécie de santidade. Durante séculos considerou-se desonroso golpear o cavalo, isto é, desmontar o adversário. Milhares de homens se recusaram assim a salvar a própria vida diante de um inimigo mais vigoroso ou mais experiente no manejo das armas. Talvez vocês considerem que essa gente está muito distante de nós, mas, num tempo bem menos recuado, como teria reagido Bayard, por exemplo, se algum diplomata da Igreja, algum abjeto alcoviteiro casuísta pretendesse convencê-lo de que a profissão militar o autorizava a conduzir-se como turco ou mouro sem correr mais risco de danação que um cão? O bom cavaleiro certamente teria levantado esse corruptor de soldados pelos fundilhos e o teria jogado pela janela.

Esse gênero de considerações sobre a guerra revolta os imbecis, eu sei. Os imbecis querem a qualquer custo considerar esta guerra como uma catástrofe imprevisível, provavelmente por não terem sido capazes de prevê-la. Os imbecis sustentam, imperturbáveis, que, se uns cinquenta anos atrás um pirralho chamado Adolf não tivesse nascido na Alemanha, e outro pirralho, chamado Benito, não tivesse nascido na Itália, os homens estariam sempre prontos para interromper seus inocentes negócios e cair nos braços uns dos outros, chorando de alegria. No entanto, os imbecis sabem muito bem que, desde 1918, a humanidade guarda em seu ventre o feto de uma paz abortada, e que nenhum cirurgião conseguiu até hoje livrá-la dessa infecção. Veem a purulência sair, inesgotável, desse grande corpo, mas sua atenção continua a focalizar-se apenas em Hitler e Mussolini, nos dois bubões repugnantes que a doente traz em cada axila. Os imbecis colocam o nariz nos bubões e dizem entre si: "Como é possível que essas coisas violáceas, das quais a maior nem chega a ter o tamanho de um ovo de pomba, contenham tanto pus!". Não ocorre aos imbecis que o corpo inteiro produz essa mesma purulência, que é preciso esgotar sua fonte. E se por acaso tal ideia lhes ocorresse, evitariam cuidadosamente reconhecê-la, pois eles próprios são um dos elementos dessa podridão. Com efeito, a Imbecilidade me aparece cada vez mais a primeira e principal causa da corrupção das Nações. A segunda é a avareza. A ambição dos ditadores vem apenas em terceiro lugar.

Vocês acusam o Racismo alemão de haver devastado a terra. No entanto, se as Democracias não tivessem sido tão tolas e tão covardes, os alemães jamais teriam ousado denominar a si mesmos um povo de Senhores. Se eu tivesse a desgraça de ser alemão, confesso que em Munique, diante de Daladier e Chamberlain, os dois Grandes daquele tempo – que baita *Bigs*... –, eu teria tido a tentação de me acreditar não apenas senhor, mas Deus!

Enquanto se tomar ou se fingir tomar esta guerra por um acidente, uma anomalia, um fenômeno, um exemplo curioso de retorno ao tipo primitivo, uma reaparição do passado no presente, será perfeitamente inútil esperar o que quer que seja além de novas decepções mais sangrentas. A desordem atual não poderia em absoluto ser comparada, por exemplo, à que devastou o mundo depois da queda do Império Romano. Não assistimos ao fim natural de uma grande civilização humana, mas ao nascimento de uma civilização inumana que só poderia estabelecer-se graças a uma imensa, a uma universal esterilização dos altos valores da vida. Isso porque, não obstante o que eu escrevia há pouco, trata-se muito menos de corrupção que de petrificação. Aliás, a Barbárie multiplicava as ruínas que ela era incapaz de reparar, e a desordem definhava por si mesma, por falta de alimento, assim como acontece com um gigantesco incêndio. Já a civilização atual é perfeitamente capaz de reconstruir tudo o que ela lança por terra, e com rapidez cada vez maior. É certeza, portanto, que prosseguirá suas experiências quase indefinidamente, e suas experiências tornar-se-ão cada vez mais monstruosas...

7

Hoje mesmo os jornais noticiaram que a língua francesa não será considerada em São Francisco uma língua diplomática. Nossos representantes deverão, portanto, ter seus discursos traduzidos para o inglês, o espanhol ou o russo. Eis-nos longe do tempo em que a Academia de Berlim propunha seu famoso tema de concurso: "Razões da superioridade da língua francesa".

Aqueles que enxergam nessa exclusão apenas uma consequência natural de nossa derrota militar – e se tranquilizam pensando que uma futura vitória não deixará de devolver à nossa língua o prestígio perdido – são imbecis, e não é para eles que escrevo. Quer sejamos vencedores, quer vencidos, a civilização das Máquinas não tem necessidade alguma de nossa língua: nossa língua é precisamente a flor e o fruto de uma civilização absolutamente distinta da civilização das Máquinas. É ocioso incomodar Rabelais, Montaigne, Pascal, para expressar certa concepção rudimentar da vida, cujo caráter rudimentar é justamente o que lhe confere toda a sua eficiência. A língua francesa é uma obra de arte, e a civilização das máquinas requer, para seus empresários e para seus diplomatas, apenas uma ferramenta, nada mais. Digo empresários e diplomatas, na impossibilidade, é claro, de discernir sempre entre eles.

Os imbecis dirão que falo assim por amargura. Enganam-se. Convido os imbecis, ao contrário, a não enxergar na medida tomada contra nós uma manifestação consciente e deliberada de ódio, nem de mero desprezo. Os senhores da civilização das Máquinas não acreditam na superioridade da língua francesa pelas mesmas razões que, no passado, a Academia de Berlim evocava para fundamentar a opinião contrária. É evidente que a língua francesa não pode ser julgada superior a um só tempo pelos humanistas da Academia de Berlim e pelos homens de São Francisco. Retomarei um argumento do qual já me servi ao longo destas páginas, mas que importa? Dizer muitas verdades é bem menos necessário atualmente do que repetir um pequeno número delas de diferentes formas. Pois bem, se a Academia de Berlim houvesse proposto o seguinte tema de concurso: "Que espécie de mundo o Progresso do Iluminismo, o avanço das ciências, a luta universal contra o Fanatismo e a Superstição nos proporcionarão amanhã?", certamente nenhum dos concorrentes teria sonhado em prever nada que se assemelhasse, mesmo de muito longe, à civilização das Máquinas, que se autoextermina, com o risco, em sua fúria constante, de destruir o planeta junto com ela. Mas enfim, por impossível que pareça, se algum gênio nascente, algum profeta obscuro, ou melhor, algum aprendiz de feiticeiro – Cagliostro, por exemplo – tivesse sido capaz de dispor diante dos olhos da douta companhia essa visão de pesadelo, os acadêmicos berlinenses teriam concordado, com duzentos anos de antecedência, ainda que a partir de um ponto de vista diferente, com os negociadores de São Francisco. Teriam com toda certeza julgado que nossa língua seria, de fato, a última que poderia convir a esse mundo desarvorado e a esses liquidadores.

Aqueles que já me deram antes a honra de ser meus leitores sabem que não tenho o hábito de designar pelo nome de imbecis os ignorantes ou os simples. Muito pelo contrário. A experiência me demonstrou há muito tempo que o imbecil nunca é simples, e muito raramente é ignorante. O intelectual deveria, portanto, por definição, parecer-nos suspeito? Certamente. Chamo intelectual ao homem que dá a si mesmo esse título, em razão dos conhecimentos e diplomas que possui. Não falo, evidentemente, do erudito, do artista ou do escritor cuja vocação é criar – para os quais a inteligência não é uma profissão, mas uma vocação. Sim, ainda que eu tenha de perder uma vez mais, num único instante, todos os benefícios de minha habitual moderação, irei até o fim da minha ideia. O intelectual é com tanta frequência um imbecil que deveríamos tomá-lo sempre como tal, até que nos tenha provado o contrário.

Tendo assim definido o imbecil, acrescento que não tenho em absoluto a pretensão de desviá-lo da civilização das Máquinas, porque essa civilização o favorece de maneira incrível aos olhos daquela espécie de homens que ele chama raivosamente de "excêntricos", de "inconformistas". A civilização das Máquinas é a civilização dos técnicos, e na ordem da Técnica um imbecil pode alcançar os mais altos escalões sem deixar de ser um imbecil, com a pequena diferença de ser mais ou menos condecorado. A civilização das Máquinas é a civilização da quantidade, oposta à da qualidade. Os imbecis aí dominam, portanto, pelo número; eles aí são o número. Já disse antes, direi ainda e repetirei enquanto o carrasco não tiver dado o laço na minha gravata de corda: um mundo dominado pela Força é um mundo abominável, mas o mundo dominado pelo número é ignóbil. A Força faz surgir cedo ou tarde os revoltados, engendra o espírito de Revolta, cria heróis e mártires. A tirania abjeta do Número é uma infecção lenta que nunca provoca febre. O Número cria uma sociedade à sua imagem, uma sociedade de seres não iguais, mas igualados, reconhecíveis apenas por suas impressões digitais. É loucura confiar ao Número a guarda da Liberdade. É loucura opor o Número ao dinheiro, pois o dinheiro sempre vence o Número, visto ser mais fácil e menos dispendioso comprar no atacado que no varejo. Ora, o eleitor se compra no atacado, já que os políticos não têm outra razão de ser exceto a de ganhar uma comissão sobre o negócio. Com um rádio, dois ou três cinemas e alguns jornais, qualquer um pode juntar, em poucas semanas, cem mil partidários, bem dirigidos por alguns técnicos, peritos nesse tipo de indústria. Que sonho poderia ser melhor, pergunto-lhes, para os imbecis dos Trustes? No entanto, pergunto-lhes também: que regime é mais favorável ao estabelecimento de uma ditadura? De fato, as Potências do Dinheiro sabem usar às mil maravilhas o sufrágio universal, mas esse instrumento se assemelha aos outros, desgasta-se com o uso. Ao explorar o sufrágio universal, as Potências do Dinheiro o degradam. A oposição entre o sufrágio universal corrompido e as massas acaba por assumir o caráter de uma crise aguda. Para livrar-se do Dinheiro – ou ao menos para ter a ilusão dessa libertação –, as massas escolhem para si um chefe, Marius ou Hitler. É quase uma ousadia, porém, escrever a palavra *chefe*. O ditador não é um chefe. É uma emanação, uma criação das massas. É a Massa encarnada, a Massa em seu mais alto grau de maleficência, em seu mais alto poder de destruição. Assim irá o mundo, num ritmo sempre mais acelerado, da democracia à ditadura, da ditadura à democracia, até o dia...

Paro aqui por um instante. Reconheço – por que o esconderia? – que desde a primavera fatal, desde a infelicidade de meu país, algo em mim se quebrou, parece que me tornei incapaz de odiar ou desprezar quem quer que seja. No entanto, provavelmente a antiga ferida ainda está sensível sob o tecido cicatricial que a recobre. Quando expresso certas verdades simples, semelhantes às que se acabam de ser lidas, não posso me impedir de pensar, com um prazer cruel, no embaraço dos imbecis que se creem muito diferentes uns dos outros e que se sentirão atingidos, ao lerem minhas palavras, no mesmo ponto de sua segurança de imbecis, pela mesma coceira insuportável. Pois o couro dos imbecis é realmente um couro difícil de esburacar. Mas quem não sabe que, quando o ferrão entrou fundo o suficiente, a picada de um mosquito é mais dolorosa e persistente nas partes do corpo mais bem defendidas pela espessura da pele? "O que é isso?", dirão os imbecis, "o autor pretende nos proibir de ser democratas ou fascistas? Será que teremos de nos resignar apenas à condição de imbecis?".

Peço perdão a Deus por olhar os imbecis com demasiada complacência enquanto eles se coçam. A maleficência não está nos imbecis, está no mistério que os favorece e explora, que só os favorece para melhor os explorar. O cérebro do imbecil não é um cérebro vazio, é um cérebro atulhado, onde as ideias fermentam em vez de serem assimiladas, assim como os resíduos alimentares num cólon invadido por toxinas. Quando pensamentos nos meios cada vez mais poderosos dos quais o sistema dispõe, torna-se evidente que um espírito só pode permanecer livre graças a um esforço contínuo. Quem de nós pode se vangloriar de sustentar esse esforço até o fim? Quem de nós tem certeza não apenas de resistir a todos os slogans, mas também à tentação de opor um slogan a outro? Aliás, o Sistema raramente faz sua própria apologia, as catástrofes se sucedem rápido demais. Prefere impor a suas vítimas a ideia de que ele é necessário. Vocês que me leem, queiram examinar a si mesmos sem complacência e perguntar a si mesmos se não são imbecis nesse ponto. Quer formulem claramente o próprio pensamento, quer não, será que vocês não raciocinam, por exemplo, como se a história obedecesse a leis tão rigorosamente mecânicas quanto a da gravitação universal, como se o mundo de 1945, acabado em todas as suas partes, até o último detalhe, houvesse surgido com precisão de segundos, assim como um cometa cuja órbita foi calculada? Oh! Sem dúvida, um católico não se expressa sobre isso como um marxista; o vocabulário do determinismo histórico não é o mesmo que o da teologia; mas, afinal, tanto para um como para outro, dir-se-ia, ao ouvi-los, que os homens não têm nada a ver com as contradições e extravagâncias de um regime que remedia a superprodução com guerras, fazendo assim um enorme consumo de consumidores. Eles não sonham em negar as catástrofes, é claro: concordam que elas se multiplicam, e num ritmo incessantemente acelerado; mas tão logo são pressionados, respondem com a mesma careta dolorosa que não revela, infelizmente, o desconforto de sua consciência ou a dúvida de seu espírito, mas a fadiga, a melancolia, a repugnância de um cérebro tão perfeitamente entupido de noções contraditórias e de fórmulas, que nele não se encontraria espaço para uma única ideia a mais, por mais modesta que fosse: "Ora essa, você quer voltar no tempo?". Não deixa de ser estranho, afinal, que um cristão ouse falar assim do destino da livre família humana. Somos nós seres conscientes e livres ou pedras rolando ladeira abaixo? Se é permitido falar assim de uma sociedade humana, por que não de cada um de nós? Quando se diz: dar-se conta de um erro e *voltar atrás*, essa expressão não significa em absoluto *voltar para trás*. O que se deveria evocar, isto sim, é a ideia de uma mudança de direção em nossa maneira de avançar. E antes de tudo não se trata de condenar, nem mesmo de apenas lamentar a invenção das mecânicas, como se estivesse provado que a existência do sistema fosse absolutamente vinculada ao desenvolvimento natural das ciências, como se não fosse possível criticar esse sistema sem cometer um atentado contra a inteligência. Se acreditarmos nos imbecis, os cientistas foram os criadores do sistema. O sistema seria a última palavra da Ciência. Ora, o sistema não é em absoluto a obra dos cientistas, mas a obra dos homens ávidos que o criaram sem essa intenção, por assim dizer – conforme apareciam as necessidades de seu negócio. São conhecidas as palavras de Guizot: "Enriquecei-vos!". Para esse homem eminente, como, aliás, para todos os economistas liberais de seu tempo, a luta feroz dos egoísmos era a condição indispensável e suficiente do progresso humano. Digo "dos egoísmos" porque a palavra *ambição* tem um sentido demasiado nobre. Pode-se ambicionar a glória, o poder, mas não se pode ambicionar o dinheiro. "Que importa!", diziam-se então os imbecis, "sabemos muito bem que a ganância não é uma virtude, mas o mundo não precisa de virtude: ele pede conforto, e a ganância sem freios dos negociantes, graças ao jogo da concorrência, acabará por fornecer-lhe esse conforto a preços módicos, a preços cada vez menores". Essa é uma das evidências imbecis que asseguram a segurança imbecil dos imbecis. Esses infelizes teriam sido bastante incapazes de prever que nada frearia as ganâncias desenfreadas, que elas acabariam por disputar a clientela a tiros de canhão: "Compre ou morra!". Tampouco previam que não tardaria a chegar o dia em que a redução dos preços, mesmo dos objetos indispensáveis à vida, seria considerada um grande mal – pela simples razão de que um mundo nascido da especulação só pode se organizar para a especulação. A primeira, ou antes a única necessidade desse mundo é proporcionar à especulação os elementos indispensáveis. Oh! Sem dúvida, é infelizmente verdadeiro que, se esses especuladores fossem hoje destruídos, correr-se-ia o risco de atingir com o mesmo golpe milhões de pobres diabos que vivem disso sem o saber, que não podem viver de outra coisa, visto que a especulação invadiu tudo. Mas ora essa! Um câncer que se tornou inoperável porque se agarra a um órgão essencial com todas as suas hediondas fibras nem por isso deixa de ser um câncer.

Denuncio-lhes esse câncer. Teria tido um imenso mérito, teria garantido meu lugar entre os gênios protetores da humanidade se o tivesse denunciado uns cinquenta anos atrás tão nitidamente quanto o faço neste minuto. Como, porém, não sou um gênio, e sim um homem dotado de bom senso, meu amor-próprio não extrai satisfação alguma do fato de lhes dizer que nossa sociedade está nas últimas, porque isso se vê muito claramente pela cara dela. Vocês veriam isso como eu, se quisessem ver. Meu papel não é o de fornecer-lhes a técnica da operação necessária: não sou cirurgião, ignoro se essa operação ainda é possível. No caso, porém, de ela ser possível, será urgente, e de uma urgência extrema. Ora, vamos! Como essas duas guerras, o breve período que as separa uma da outra, essas convulsões, esses furores, não os fazem pensar nos esforços desesperados de um organismo vivo para expulsar, para rejeitar toxinas mortais? Oh! Sei tão bem quanto vocês, imbecis, que essas imagens não passam de imagens. Uma sociedade humana não perece como qualquer um de nós que se houvesse intoxicado com cogumelos venenosos... A coisa é a um só tempo mais simples e mais complicada. Quando a sociedade impõe ao homem sacrifícios superiores aos serviços que ela lhe presta, tem-se o direito de dizer que ela deixa de ser humana, que ela já não é feita para o homem, mas contra o homem. Nessas condições, se porventura ela perdurar, isso só poderá ocorrer à custa dos cidadãos ou de sua liberdade! Imbecis, vocês não veem que, de fato, a civilização das máquinas exige de vocês uma disciplina cada dia mais estrita? Exige-o em nome do Progresso, isto é, em nome de uma concepção nova da vida, imposta aos espíritos por seu enorme maquinário de propaganda e publicidade. Imbecis! Compreendam, portanto, que a civilização das máquinas é ela mesma uma máquina, cujos movimentos devem ser todos sincronizados cada vez mais perfeitamente! Uma colheita excepcional de café no Brasil tem uma influência imediata na cotação de outra mercadoria na China ou na Austrália; não está longe o tempo em que o mais leve aumento dos salários no Japão desencadeará greves em Detroit ou Chicago e, por fim incendiará o mundo de novo. Imbecis! Por acaso imaginaram um dia que, na sociedade em que as dependências naturais assumiram o caráter rigoroso, implacável, de relações matemáticas, vocês poderão ir para lá e para cá, comprar ou vender, trabalhar ou não trabalhar, com a mesma tranquila desenvoltura que seus ancestrais? "A Política em primeiro lugar!", dizia Maurras. A civilização das Máquinas também tem seu lema: "A Técnica em primeiro lugar! A Técnica em todo lugar!". Imbecis! Vocês dizem para si mesmos que a técnica só controlará, na pior das hipóteses, a atividade material de cada um, e como vocês esperam para amanhã a "semana de cinco horas de trabalho" e o parque de diversões aberto dia e noite, não há razão para que essa hipótese perturbe sua quietude. Cuidado, imbecis! Entre todas as Técnicas, existe uma técnica da disciplina, e ela não poderia satisfazer-se com a antiga obediência, obtida com dificuldade por procedimentos empíricos, e sobre a qual se deveria dizer que era menos uma disciplina que uma indisciplina moderada. A Técnica pretenderá cedo ou tarde formar colaboradores arregimentados de corpo e alma para seu Princípio, isto é, que aceitarão sem discussões inúteis sua concepção da ordem, da vida, suas Razões de Viver. Num mundo inteiramente votado à Eficiência, ao Rendimento, não será importante que cada cidadão seja consagrado desde seu nascimento aos mesmos deuses? A técnica não pode ser discutida, pois as soluções impostas por ela são, por definição, as mais práticas. Uma solução prática não é estética ou moral. Imbecis! A Técnica já não se reserva o direito, por exemplo, de orientar as crianças pequenas para esta ou aquela profissão? Não esperem que ela se contente para sempre em orientá-las: virá também a designá-las. Assim, à ideia moral e até sobrenatural da vocação se contrapõe pouco a pouco a de uma simples disposição física e mental, facilmente controlável pelos Técnicos. Vocês acreditam, imbecis, que um sistema desses, tão rigoroso, possa subsistir pelo simples consentimento? Para aceitá-lo como ele quer que o aceitemos, é preciso acreditar nele, é preciso conformar a ele por inteiro não apenas os próprios atos, mas a própria consciência. O sistema não admite descontentes. O rendimento de um descontente – as estatísticas o demonstram – é 30% inferior ao rendimento normal, e 50% ou 60% inferior ao rendimento de um cidadão que não se contenta apenas em considerar sua situação tolerável – enquanto espera o Paraíso –, mas que a considera a melhor possível. Sendo assim, qualquer um compreende muito bem que tipo de colaborador o técnico deve logicamente formar. Não há nada de mais melancólico do que ouvir os imbecis darem ainda à palavra Democracia seu antigo sentido. Imbecis! Como vocês podem esperar, afinal de contas, que a Técnica tolere um regime em que o técnico seria designado por meio do voto, isto é, não de acordo com sua experiência técnica, atestada por diplomas, mas de acordo com a simpatia que ele é capaz de inspirar no eleitor? A Sociedade moderna se tornou um conjunto de problemas técnicos a serem resolvidos. Que lugar o político esperto – e também, aliás, o eleitor idealista – pode ter dentro dela? Imbecis! Por acaso vocês acham que o funcionamento de todas essas engrenagens econômicas, estreitamente dependentes umas das outras e velozes como o raio, dependerá amanhã do bel-prazer da boa gente reunida nos comícios para aclamar este ou aquele programa eleitoral? Por acaso imaginam que a Técnica de orientação profissional, depois de haver designado para este ou aquele emprego subalterno um cidadão julgado particularmente mal dotado, suportará que o voto desse infeliz decida, em última instância, sobre a adoção ou a rejeição de uma medida proposta pela própria Técnica? Imbecis! Cada progresso da Técnica os distancia um pouco mais da democracia sonhada outrora pelos operários idealistas do *faubourg Saint-Antoine*. É preciso realmente não entender grande coisa sobre os fatos políticos destes últimos anos para não admitir que o Mundo moderno já resolveu, em favor exclusivo da Técnica, o problema da Democracia. Os Estados totalitários, crianças malcriadas e muito precoces da civilização das Máquinas, tentaram resolver esse problema brutalmente, de uma tacada. As outras nações ardiam de vontade de imitá-los, mas sua evolução para a ditadura foi um pouco retardada pelo fato de que, obrigadas, depois de Munique, a entrar em guerra contra o hitlerismo e o fascismo, tiveram por bem ou por mal de fazer da ideia democrática o principal ou, mais exatamente, o único elemento de sua propaganda. Para quem sabe ver, é evidente que o Realismo das democracias não define a si mesmo em absoluto por declarações retumbantes e vãs como, por exemplo, a Carta do Atlântico, já caída no esquecimento.

Desde a guerra de 1914, isto é, desde suas primeiras incursões, com Lloyd George e Clemenceau, nas facilidades da ditadura, as Grandes Democracias perderam visivelmente toda confiança na eficácia dos antigos métodos democráticos de trabalho e de governo. Pode-se estar certo de que é entre seus antigos adversários, cujo espírito de disciplina elas apreciam, que recrutarão brevemente seus principais colaboradores; elas não têm necessidade alguma dos idealistas, pois amanhã o Estado Técnico terá um único inimigo: "o homem que não age como todo mundo", ou ainda "o homem que tem tempo a perder", ou simplesmente, se vocês preferirem: "o homem que acredita em outra coisa, não apenas na Técnica".

8

Imbecis! Cada vez que escrevo seu nome, censuro-me por dar ao último capítulo deste modesto livrinho a aparência de uma espécie de proclamação aos Imbecis. Que importa! Refletindo bem, parece-me cada vez mais que a salvação de vocês é a condição – sobrenatural, talvez – da salvação de todos os homens. Na civilização das Máquinas, por que vocês não ocupariam, com efeito, o lugar dos pobres? O antigo mundo sacrificava o pobre a sua prosperidade, a sua grandeza, a sua beleza, a seus prazeres. O mundo moderno sacrifica vocês a suas experiências desmedidas. Não os sacrifica da mesma maneira como outrora sacrificava o pobre. Antigamente o pobre carecia do necessário para que o rico pudesse desfrutar do supérfluo. Já o tipo de pobreza que lhes é particular não enriquece a ninguém, os imbecis não são imbecis para que certos privilegiados da inteligência sejam geniais. Acontecia, no passado, de os pobres se revoltarem. Qual poderia ser o objetivo da revolta dos pobres senão despojar os ricos? A revolta dos imbecis não tem objetivo.

Escrevi em *Os Grandes Cemitérios sob a Lua* que a cólera dos imbecis ameaçava o mundo. A "Cólera dos Imbecis" devasta atualmente a Terra. É mil vezes mais temível que a dos hunos ou vândalos. Os hunos e os vândalos queriam ouro, vinho, mulheres e grandes cavalgadas sob as estrelas. Já os imbecis não sabem o que querem. Os imbecis se debatem com o desespero convulsivo de quem se afoga e agarra com as unhas os destroços do navio, mas soluça ao sentir que estes afundam debaixo dele. É claro, o hitlerismo e o fascismo não podiam sustentar ninguém na superfície das águas, neste furacão de apocalipse. Mas os imbecis, ensandecidos pelo medo, seriam perfeitamente incapazes de usar a melhor das tábuas de salvação.

A cólera dos imbecis é, para a civilização das Máquinas, um testemunho arrasador. Uma sociedade normal tem sempre uma grande proporção de imbecis, isso não se discute, mas eles aí se distinguem pouco dos outros cidadãos pelo simples fato de que, sendo incapazes de acolher muitas ideias ao mesmo tempo, só acolhem, por reflexo natural de defesa, o pequeno número indispensável à conservação de sua vida, ao exercício de sua profissão. A civilização das Máquinas força essa defesa dia e noite. A civilização das Máquinas precisa, sob pena de morte, escoar a enorme produção de sua maquinaria e, com esse objetivo – para empregar a expressão vingadora inventada ao longo da última guerra mundial pela genialidade popular –, usa máquinas de entupir de lorotas a cabeça da gente. Oh! Eu sei, a expressão os faz sorrir. Vocês deixaram de ser sensíveis ao caráter realmente demoníaco dessa enorme empresa de imbecilização universal, em que se vê a colaboração dos interesses mais diversos – dos mais abjetos aos mais elevados, pois até mesmo as religiões se servem de slogans. Políticos, especuladores, gângsteres, comerciantes, trata-se apenas de agir rápido, de obter um resultado imediato, custe o que custar, quer se trate de lançar uma marca de sabonetes, de justificar uma guerra ou de negociar um empréstimo de um trilhão. Assim os bons espíritos se aviltam, os espíritos medianos se imbecilizam e os imbecis, com a cabeça cheia a ponto de explodir, a matéria cerebral esguichando pelos olhos e pelas orelhas, atiram-se uns contra os outros urrando de raiva e pavor.

Não compreender! Seria preciso um pouco mais de coração do que a maioria dos homens possui atualmente para sentir a aflição desses seres infelizes dos quais se retira impiedosamente qualquer chance de alcançar o pequeno número de humildes verdades às quais eles têm direito, que um gênero de vida proporcional a suas modestas capacidades lhes teria permitido alcançar, e que devem sofrer, do nascimento à morte, a fúria das cobiças rivais desembestada na imprensa e no rádio. Estar informado sobre tudo e condenado, assim, a não compreender nada, esse é o destino dos imbecis. A vida inteira de um desses desafortunados provavelmente não bastaria para lhe permitir assimilar metade das noções contraditórias que, por uma razão ou outra, lhe são propostas em uma semana. Sim, eu sei que sou praticamente o único a denunciar tão violentamente esse crime organizado contra o espírito. Sei que os imbecis dos quais assumo assim a defesa só esperam uma oportunidade para me enforcar, ou me engolir, talvez, pois qual será o limite de sua cólera? Que importa! Repito que não são as máquinas de matar que me dão medo. Enquanto as Máquinas de matar matarem, queimarem, esfolarem, dissecarem, ao menos saberemos que ainda existem homens livres, ou suspeitos de o serem. A mais temível das máquinas é a máquina de entupir as cabeças de lorotas, a máquina de liquidificar cérebros. Sim, sim, riam quanto quiserem de minha raiva, padres miseráveis sem coração! Enquanto tiverem um canto de púlpito de onde ameaçar com o inferno o imbecil que não tira seu boné diante do Pároco, ou não contribui com a coleta, vocês poderão se vangloriar de ter as rédeas das consciências. Mas a Máquina de entupir os cérebros com lorotas terá acabado há muito tempo com o discernimento, e sem discernimento, nada de consciência! Suas ameaças só alcançarão as tripas, não as almas.

As almas! Escrever atualmente essa palavra sagrada quase faz enrubescer. Os mesmos padres impostores dirão que nenhuma força no mundo poderia sobrepujar as almas. Não pretendo que a Máquina de entupir cérebros com lorotas seja capaz de desentupir as almas, ou de esvaziar um homem de sua alma, como uma cozinheira limpa um coelho. Acredito apenas que um homem pode muito bem ter uma alma e não senti-la, não se incomodar com ela em absoluto; isso se vê – ai de nós! – todos os dias. O homem só tem contato com sua alma pela vida interior, e na civilização das Máquinas a vida interior assume pouco a pouco um caráter anormal. Para milhões de imbecis, ela não passa de um sinônimo vulgar de vida subconsciente, e o subconsciente deve permanecer sob o controle do psiquiatra. Oh! É claro, o psiquiatra não poderia ser considerado responsável por essa tolice, mas tampouco pode fazer grande coisa contra ela. A civilização das Máquinas, que explora o trabalho desinteressado do cientista, está menos tentada do que nunca a delegar a ele a mínima parte sequer de seu magistério sobre as consciências. Talvez tenha ficado tentada a fazê-lo no tempo da ciência materialista, da qual certas teorias condiziam, ao menos em aparência, com sua concepção da vida; mas a ciência atual não se presta em absoluto às grosseiras simplificações da propaganda.

Na luta mais ou menos sorrateira contra a vida interior, a civilização das Máquinas não se inspira – não diretamente, ao menos – em nenhum plano ideológico: apenas defende seu princípio essencial, que é o da primazia da ação. A liberdade de ação não lhe inspira temor algum; é a liberdade de pensar que ela receia. Ela incentiva de bom grado tudo que age, tudo que se mexe, mas julga – e tem seus motivos – que o que oferecemos à vida interior é uma perda para a comunidade. Quando a ideia da salvação tem um significado espiritual, pode-se justificar a existência dos contemplativos – é o que faz a Igreja em nome da reversibilidade dos méritos e da Comunhão dos Santos. No entanto, desde que se fez descer do céu para a terra a ideia da salvação – se a salvação está aqui embaixo, na dominação a cada dia mais eficiente de todos os recursos do planeta –, a vida contemplativa passou a ser uma fuga ou uma recusa. Para empregar outra expressão da penúltima guerra, na civilização das Máquinas todo contemplativo é um emboscado. A única espécie de vida interior que o Técnico poderia autorizar seria a estritamente necessária para uma modesta introspecção, controlada pelo Médico, a fim de desenvolver o otimismo por meio da eliminação até as raízes de todos os desejos irrealizáveis neste mundo.

Imbecis! Vocês não estão nem aí para a vida interior, mas é nela e por ela que se transmitiram até nós valores indispensáveis, e sem isso a liberdade não seria mais que uma palavra. Também não estão nem aí para esses valores? Pois muito bem. O que eu escrevi há um instante sobre os gaiatos que se livraram mais ou menos de sua alma também não os interessa? Azar. Permito-me, no entanto, voltar a esse tipo tão perfeitamente representativo, em certo sentido, da ordem e da civilização das Máquinas: o aviador bombardeiro. Ditas essas palavras, os imbecis recomeçam a se coçar; eu deveria, portanto, abrir um parêntese. É costume, para tentar distinguir entre eles, classificar os imbecis em imbecis de direita e imbecis de esquerda. Os imbecis de esquerda não estarão equivocados ao afirmar que a guerra total é uma invenção dos fascistas. Mas suponhamos, por exemplo, que no tempo da guerra espanhola os corajosos exércitos russos tivessem invadido a Alemanha. Existe por acaso, à direita ou à esquerda, um imbecil suficientemente imbecil para ousar me desmentir se eu disser que os aviadores do marechal Stalin poderiam ter se comportado exatamente como os aviadores do marechal Goering quatro anos antes, e sem incorrer na menor desaprovação de seus amigos? Esses senhores, coçando-se mais energicamente do que nunca, teriam invocado as impiedosas necessidades da guerra, assim como dez anos antes invocavam, para desculpar os milhares de cadáveres do expurgo leninista, as necessidades não menos sagradas da revolução comunista. Imbecis de direita e de esquerda, cães que vocês são, quando se coçam tão furiosamente é porque, no fundo, se sentem todos de acordo: todos vocês sabem muito bem que à civilização das Máquinas deve logicamente corresponder a guerra das máquinas. Basta de caretas, hipócritas! Limpem a borra dos olhos pela última vez e queiram voltar comigo, por gentileza, ao aviador bombardeiro. Como eu dizia, o bom sujeito que acabou de reduzir a pó uma cidade adormecida se sente perfeitamente no direito de presidir à refeição familiar, entre a esposa e os filhos, como um operário tranquilo depois de um dia de serviço. "Nada mais natural!", pensa o imbecil, com sua lógica imbecil, "esse bom sujeito é um soldado, e soldados sempre existiram". Admito. Mas o sinal inquietante, e talvez fatídico, é que nada em particular distingue esse matador do primeiro transeunte que aparece, e esse mesmo transeunte, até aqui dócil como um cordeiro, espera apenas uma ordem para se tornar, por sua vez, um matador e, ao se tornar um matador, não deixará de ser um cordeiro. Isso não lhes parece estranho? Um matador de outros tempos se distinguia facilmente dos outros cidadãos, não apenas pelos trajes, mas por sua maneira de viver. Um antigo aventureiro espanhol ou um antigo mercenário alemão, beberrão, devasso e sempre pronto para sacar a espada, se metia quase por conta própria de fora, à margem da comunidade. Agia assim por bravata, é provável, mas sabemos que a bravata e o cinismo são sempre uma defesa mais ou menos consciente contra o julgamento alheio, a máscara de uma vergonha secreta, uma maneira de se adiantar à afronta possível, de pagar desprezo com terror. Isso porque o aventureiro espanhol e o mercenário alemão também se julgavam simples instrumentos irresponsáveis nas mãos de seus chefes, mas não se orgulhavam disso. Preferiam ser considerados criminosos a ser tomados por dóceis. Queriam que sua irresponsabilidade parecesse proveniente de sua natureza, de suas inclinações, da vontade do Pai do Céu, no qual, ao blasfemar, acreditavam. O aviador bombardeiro de hoje, que mata em uma noite mais mulheres e crianças que o mercenário alemão em dez anos de guerra, não suportaria ser considerado um garoto mal-educado e briguento. "Sou bom como água", diria ele de bom grado; e até – por que não? – bom como uma besta quadrada. "O ruído da broca do dentista me dá arrepios, e eu chegaria a parar na rua para ajudar criancinhas a fazer pipi sem me melindrar. No entanto, o que faço ou deixo de fazer quando estou de farda, isto é, durante minha atividade como funcionário do Estado, isso não é da conta de ninguém."

Repito que essa espécie de homem difere absolutamente daquela em que se recrutavam outrora os aventureiros, os soldados brutamontes. É mil vezes mais perigosa; ou, para não ser injusto, eu diria que sua aparição e sua propagação entre nós são um presságio inquietador, uma ameaça. A espécie dos soldados brutamontes se mantinha necessariamente pouco numerosa. Não se encontram em cada esquina essas pessoas temerárias, esses fora da lei – aliás, a guerra moderna dificilmente conviveria com eles; nos dias de hoje, os famosos miqueletes seriam antes, na América do Norte, bandidos ou policiais... Está provado atualmente que a civilização das Máquinas pode encontrar, para suas tarefas mais sangrentas, colaboradores em qualquer classe social, entre crentes ou incrédulos, ricos ou pobres, intelectuais ou brutos. Isso lhes parece tranquilizador, imbecis? A mim, não. Oh! É claro, os bombardeiros democratas executam uma tarefa de justiça, dirão vocês. Na época da guerra da Etiópia, porém, os aviadores bombardeiros da Itália, por exemplo, não podiam pretender em absoluto executar uma tarefa de justiça. Nem por isso deixavam de ser recrutados nos mesmos meios decentes, conformistas. E lembrem-se, refresquem a memória!... Entre os justiceiros democratas de hoje, na América, assim como na Inglaterra, vocês não encontrariam um grande número de amigos e admiradores de Mussolini? O próprio sr. Churchill acaso não estava entre eles, na época? Imbecis! Acho faz tempo que, se nossa espécie acabar por desaparecer um dia deste planeta graças à eficácia crescente das técnicas de destruição, o responsável por nossa extinção não será a crueldade nem muito menos, é evidente, a indignação que ela inspira, as represálias e as vinganças que ela suscita. Não, nem a crueldade nem a vingança, mas a docilidade, a irresponsabilidade do homem moderno, sua abjeta complacência com qualquer vontade do coletivo. Os horrores que acabamos de ver – e outros, piores, que veremos brevemente – não são em absoluto um sinal de que o número dos revoltados, dos insurretos, dos indomáveis aumenta no mundo, mas sim de que cresce sem cessar, com rapidez assombrosa, o número dos obedientes, dos dóceis, dos homens que, segundo a expressão famosa da penúltima guerra, "não tentavam entender". Imbecis! Imbecis! Serão vocês tão perfeitamente imbecis para acreditar que, se amanhã, por exemplo, o imperialismo russo enfrentasse o imperialismo americano, os bombardeiros de cada uma dessas nações hesitariam um segundo em realizar uma vez mais sua tarefa? Ora, ora, imbecis! Não vamos parar por aí. As mesmas mãos inocentes revelar-se-ão amanhã, na paz – com a mesma indiferença profissional –, as humildes servidoras do Estado contra os inconformistas da minha espécie, os "do contra". "O que vocês querem que eu faça? Não sou o responsável": eis a desculpa padrão, válida para qualquer caso. Milhares de pessoas decentes do meu país a ouviram da boca do policial ou do gendarme de Vichy, durante a ocupação alemã. Esses policiais, esses gendarmes eram compatriotas e, com frequência, eram antigos camaradas de guerra, mas e daí? Pétain se nomeava o Chefe do Estado, e o Estado – que, na crença pia dos imbecis, tem o papel de educá-los, ou de alimentá-los, instruí-los, cuidar deles na doença, mantê-los na velhice e, por fim, enterrá-los – tem todos os direitos. Que Pétain tenha se tornado Chefe de Estado por meio de uma verdadeira trapaça e nas mais desonrosas condições para um militar – ou seja, pela derrota –, esse é um detalhe com o qual o policial e o gendarme não se preocupam. No fundo, a imensa maioria dos homens modernos está de acordo nesse ponto. O Poder legítimo é de quem manda no dinheiro e, por conseguinte, dispõe dos recursos necessários para mantê-los, a eles e a sua progenitura. Se os cães raciocinassem, não raciocinariam menos que eles em favor de quem lhes dá casinha e ração. "Não fique bravo", dizia o gendarme de Vichy a seu compatriota, "estou indo entregá-lo à polícia alemã, que depois de torturá-lo cientificamente vai fuzilá-lo, mas o que você quer que eu faça? O Governo me deu emprego, naturalmente não posso correr o risco de perder esse emprego, sem falar da minha pequena aposentadoria no futuro. Ora, ora! Ande logo! Não queira entender". A prova de que esse raciocínio está em perfeito alinhamento com o sentido e o espírito da vida moderna é que ninguém sonha em perturbar esse policial ou esse gendarme. Quando esse honesto servidor do Estado encontra o general De Gaulle, faz uma saudação, e o General certamente o saúda de volta com benevolência.

Obediência e irresponsabilidade, eis as duas Palavras Mágicas de acesso, amanhã, ao Paraíso da Civilização das Máquinas. A civilização francesa, herdeira da civilização helênica, trabalhou durante séculos para formar homens livres, isto é, plenamente responsáveis por seus atos: a França se recusa a entrar no Paraíso dos Robôs.

Aliás, esse Paraíso não existe. Nada, tampouco, o anuncia. Em seu discurso inaugural na Conferência de São Francisco, o novo presidente dos Estados Unidos, Harry Truman, declarou textualmente: "Com a brutalidade e a destruição em ritmo crescente, a guerra moderna destruirá em última instância, se não lograrmos contê-la, a civilização inteira". Essa conferência é provavelmente a última oportunidade de salvação deixada ao mundo. Ora, pergunto aos imbecis, não foi como condenação ao Sistema e à Civilização fundados na primazia das formas mais grosseiras de ação que tais palavras puderam ser pronunciadas, e particularmente por esse Truman, político de negócios, sem brios, sem passado, sem cultura, que deveria ter uma fé cega na civilização das Máquinas? Ai de nós! Vemos muito bem aperfeiçoarem--se a cada dia os instrumentos e os métodos da destruição, mas o que encontramos para opor à guerra senão a própria guerra? Oh! Sei muito bem, existem as conferências e os tratados. Os próprios imbecis compreendem, no entanto, que o aperfeiçoamento da guerra provoca logicamente o enfraquecimento e a decadência dos métodos pacíficos da diplomacia. Cada nova invenção aumenta o prestígio da Força e reduz o do Direito. Num mundo armado até os dentes, o Juiz de Direito Público Internacional acaba por se tornar uma espécie de personagem estrambótico, o sobrevivente de uma época extinta. Aliás, não há professor na Conferência de São Francisco; o público já compreendeu perfeitamente que ela é um dos eventos da guerra, que ela está inserida no contexto da guerra e que, nela, os mestres da guerra se fazem representar por civis, cuja única tarefa será a de traduzir as fórmulas do imperialismo em linguagem diplomática e jurídica.

SEGUNDA PARTE

TEXTOS INÉDITOS

Textos estabelecidos conforme os manuscritos.
Notas e posfácio de Albert Béguin.

conferências e entrevistas no Brasil

I. RESPOSTA A UMA PESQUISA

(Janeiro de 1942)

Não existe problema das máquinas passível de ser resolvido pela redução do número das máquinas ou por sua melhor utilização. O maquinismo não é um erro econômico ou social, é um vício do homem, comparável ao da heroína ou da morfina, e ambos traem um mal secreto, a mesma degradação nervosa, uma dupla tara: da imaginação e da vontade. O que há de verdadeiramente anormal no toxicômano não é o fato de ele usar um veneno, mas de ter sentido a necessidade de usá-lo, de praticar essa forma perversa de evasão, de fuga de sua personalidade, como um ladrão escapa do apartamento que acabou de assaltar. Nenhum tratamento de desintoxicação poderia curar esse infeliz de sua mentira, reconciliá-lo consigo mesmo. Sei muito bem que à primeira vista uma comparação dessas parecerá ridícula a muitos leitores. Não tenho, no entanto, a mínima pretensão de condenar as máquinas, não acredito em absoluto que a invenção da roda, do leme, da bússola tenha representado um recuo da civilização. Considero, ao contrário, que a máquina deveria ser benéfica, libertadora. Poderia dizer o mesmo, aliás, do ópio ou da morfina, quando estes desempenham seu papel e aliviam as torturas de certos cancerosos, devolvem a calma aos moribundos. Se o mundo está sob a ameaça de morrer de sua maquinaria, assim como o toxicômano de seu veneno favorito, é porque o homem moderno pede às máquinas, sem ousar dizê-lo ou talvez confessar a si mesmo, não que o ajudem a superar a vida, mas a esquivar-se dela, a desviar-se dela, como alguém se desvia de um obstáculo difícil demais.

Os ianques queriam nos fazer acreditar, há vinte anos, que o maquinismo era o sintoma de um surto excessivo de vitalidade. Se assim fosse, essa crise já estaria resolvida: contudo, não para de estender-se, de agravar-se, de assumir um caráter cada vez mais anormal, patológico. Muito longe de testemunhar uma vitalidade excessiva, o homem do maquinismo assemelha-se muito mais, não obstante os imensos progressos realizados pela medicina preventiva e curativa, a um neuropata que passa, alternadamente, da agitação à depressão, sob a dupla ameaça da loucura e da impotência. Quando, no final do último século, o sr. Édouard Drumont – que, junto com Balzac, é o maior observador social francês – ousava escrever essas coisas, fazia sorrir os otimistas. No entanto, a história lhe proporciona atualmente um testemunho irrecusável. A desordem atual do mundo não pode fazer pensar em outra coisa senão na demência. É absolutamente vão comparar, à nossa, outras épocas não menos absurdas, não menos sangrentas – em aparência. O mundo que sofria essas provações – por exemplo, a Europa do século VI – era um caos de nações ou de raças ainda bárbaras ou revindas à barbárie, separadas umas das outras por pântanos ou florestas intransponíveis, destituídas de administração pública e de polícia, arrasadas pelas pestes e lançadas pela fome nas rotas da invasão. Já o mundo atual desfruta de todas as condições materiais da Ordem, não carece de nada para ser rico, feliz, poderoso. Vocês hão de convir comigo que essa distinção é essencial. Um selvagem pode agir como selvagem sem por isso tornar-se suspeito de loucura. Mas se um tabelião, instalado num apartamento confortável, se põe a quebrar a louça e a lançar os móveis pela janela, seguramente está com o miolo mole.

Construir máquinas – repito – sempre foi uma forma muito legítima da atividade humana. No entanto, que a atividade humana se encontre quase inteiramente voltada para esse objetivo único, a fabricação das máquinas, isso é sinal de uma espécie de perversão. E se quisermos definir essa perversão, acho que precisaremos primeiramente tentar saber como ela se originou. Oh! É claro, não deixo de levar em consideração as circunstâncias econômicas, a colossal corrida do lucro que marcou os primórdios do século XIX. Para os primeiros capitalistas, a máquina não permitia apenas fabricar mais, e mais rápido; tinha aquela outra imensa vantagem: fazer baixar o preço da mão de obra ao multiplicar o número de miseráveis; dava aos patrões o privilégio monstruoso de fixar por conta própria o nível dos salários. Se é duvidoso, porém, que os especuladores, sozinhos, tivessem sido capazes de impor as máquinas, é certo que não teriam conseguido torná-las apreciáveis (o mais provável é que as tornassem odiosas). Ora, ao homem moderno as máquinas não apenas não foram odiosas, como se tornaram imediatamente indispensáveis; o homem passou a regular por elas o ritmo de sua vida, elas agora decretam, quase como amantes, o ritmo de seu trabalho e de seu repouso; ele se entregou a elas, vinculou seu destino ao delas de maneira tão estreita que já não sabe como se recompor. "Quem vencerá, o homem ou a máquina?", vocês se perguntam. O fato de que se possa formular tal pergunta publicamente sem espantar ninguém, de que possamos considerar a hipótese de uma sujeição do homem a mecânicas saídas de suas mãos, não é por si só o sinal de um desequilíbrio profundo, de uma espécie de demência coletiva? Não é também a prova de que a paixão do homem moderno pelas máquinas não constitui em absoluto o exagero de um sentimento natural, mas a marca de uma horrível renúncia de si, de um ato de demissão?

Não foi exatamente o desespero do homem que inventou as máquinas; as circunstâncias favoreceram sua invenção e propagação num momento em que o homem começava a duvidar da vida, e seu desespero se apoderou delas, expressou nelas, como numa linguagem secreta, seu ódio crescente pela vida. Oh! Sem dúvida, nossa atividade histérica pode dar aos ingênuos a ilusão de um amor desordenado pela vida! Seria equivalente dizer que o perdulário, que joga dinheiro pela janela, demonstra assim seu amor ao dinheiro. Não afirmo que o homem moderno odeie conscientemente a vida, penso apenas que ele a odeia no exato momento em que amontoa ruínas e preenche as fossas comuns, pois ficamos muito tentados a esquecer que homem algum, em tempo algum, pôs uma lucidez mais pavorosa na destruição da vida e das obras da vida. O homem moderno talvez não odeie a vida, mas já não a aceita, recusa submeter-se a ela, e quando ri de seus mistérios, quando se vangloria de penetrá-los cedo ou tarde, graças à guerra, nem por isso deixa de temer esse templo imenso, vazio de seus deuses, onde ressoa, lúgubre, seu passo solitário. Talvez se considere que eu faço dele um retrato muito sombrio, muito trágico, pois por seu gosto pela uniformidade, por seu conformismo, por sua docilidade para com uma administração cada dia mais tirânica, ele antes pareceria inofensivo. É que as revoltas e os terrores que o inspiram apenas despontam na superfície de sua consciência, mas mergulham em seu subconsciente. Cada um desses medíocres tomado isoladamente não inspirava suspeita alguma, parecia inclusive dissimular bons sentimentos sob um cinismo artificial. De sua massa anônima, porém, como do caldeirão de uma bruxa, jorraram espontaneamente o horrendo e o atroz. Esses conformistas, tão zelosos em não se distinguir uns dos outros, permanecerão associados para sempre à lembrança do maior crime da história, pois as futuras gerações certamente se recusarão a distinguir entre os covardes e os imbecis que se sujeitaram a esse crime por falta de coragem de prevê-lo e os miseráveis que se orgulham de havê-lo perpetrado voluntariamente, quando não passam, até hoje, de seus cegos instrumentos. Por esse crime, ao menos, já podemos julgar a maleficência das imagens que assombravam os medíocres sem seu conhecimento, e também o caráter monstruoso de seu recalque.

O homem moderno é um alucinado. A alucinação substituiu a crença. O homem moderno é um angustiado. A angústia substituiu a fé. Essa gente toda se diz realista, prática, materialista, maníaca pela conquista dos bens deste mundo, e estamos muito longe de suspeitar a natureza do mal que devora cada um, pois só observamos sua atividade delirante, sem pensar que ela é precisamente a forma degradada, aviltada, de sua angústia metafísica. Parecem correr atrás da fortuna, mas não é atrás da fortuna que estão correndo, é de si mesmos que estão fugindo. Nessas condições, é cada dia mais ridículo ouvir pobres padres ignorantes e preguiçosos vociferar do alto de seu púlpito contra o orgulho desse perpétuo fujão, contra o apetite de gozo desse doente, que já não consegue fruir senão à custa dos maiores esforços, que tem apetite de tudo, porque realmente já não tem fome de nada.

Não podemos esperar uma formulação correta do problema das máquinas se negligenciarmos a psicologia do homem que, depois de havê-las construído com uma espécie de fervor místico, chega agora a acreditar-se ameaçado por elas, se nos recusarmos a enxergar nele o que a história enxergará: um anormal. Que essa última palavra excite a ironia, pouco importa! O Futuro não julgará de outra maneira o Homem das Máquinas, porque há de julgá-lo por suas obras e estremecerá ao pensar no risco imenso, absurdo, corrido pela civilização humana, nos bens preciosos, insubstituíveis, engolidos por uma espécie de catástrofe gratuita que se assemelha menos ao abrasamento dos ódios que à explosão simultânea de todos os terrores. O Homem das Máquinas é um anormal. Quando se fala do desequilíbrio entre as necessidades espirituais e a multiplicação das mecânicas, raciocina-se como se, para remediar ao mal que esse desequilíbrio engendra, bastasse impor ao homem um melhor emprego do tempo, mais racional, conforme às regras da pedagogia – recreações mais curtas, aulas mais longas... Ai de nós! Essas são ideias de bedel! O homem moderno não é um aluno preguiçoso que brinca com as máquinas em vez de estudar suas lições ou fazer suas orações. As máquinas o distraem – e esta última palavra, banalizada, não deve ser entendida em sua acepção comum, mas em seu sentido exato, etimológico: *trahere*. Elas o arrancam de si mesmo e de suas angústias. É cabível perguntar, sem dúvida, como uma máquina de lavar louças, por exemplo, é capaz de desempenhar essa função. À primeira vista pareceria até que todas essas mecânicas engenhosas não têm outro objetivo que não o de fazer ganhar tempo; que, longe de extrair o homem de suas angústias, proporcionam-lhe ócio maior para remoer a amargura contida nelas. Isso só é verdadeiro em aparência, infelizmente. O homem moderno raramente aproveita seu tempo livre. Depois de realizada sua tarefa, costuma se contentar em mudar de máquina, passa precipitadamente de uma máquina a outra, como o músico de uma banda de jazz. O mínimo que ele exige dessas mecânicas é que rompam brutalmente o antigo ritmo tradicional, o ritmo humano do trabalho; que o acelerem a tal ponto que as imagens temíveis já não possam se formar em seu pensamento, assim como cristais de gelo não se formam na água que arrebenta contra o escolho. Aliás, não se trata aqui das máquinas utilitárias. Aquelas que ele mais amou, pelas quais não para de esgotar todos os recursos de seu gênio inventivo, e cujo aperfeiçoamento absorve provavelmente quatro quintos de esforço industrial humano, são precisamente as que correspondem, que se ajustam exatamente, por assim dizer, aos reflexos de defesa de um angustiado – o movimento que inebria, a luz que reconforta, as vozes que tranquilizam.

Quando o problema é formulado dessa maneira, talvez não se tenha avançado muito na solução, mas pelo menos proporcionou-se a si mesmo uma lição de humildade, ganhou-se o direito de sorrir um pouco dos moralistas, dos filósofos ou dos teólogos que, apoiando-se em suas respectivas definições do Homem, predizem logicamente sua vitória sobre as máquinas. Para retomar uma comparação feita anteriormente, poder-se-ia predizer, em nome do mesmo princípio que submete o inferior ao superior, a vitória garantida dos morfinômanos sobre a seringa de Pravaz. O Homem das Máquinas não nos é muito mais conhecido que o Homem das Cavernas. Um está demasiado distante no tempo, o outro, próximo demais – ou melhor, ele é nós mesmos, sofremos das mesmas taras que ele, a única margem deixada ao nosso julgamento é a que separa nossa anormalidade da dele – uma diferença de grau, um matiz, nada mais... É preciso um grande esforço, por exemplo, para reconhecer que não deixa de ser estranho, afinal de contas, que máquinas mais ou menos inofensivas, quando criadas, acabem quase sempre por se tornar máquinas de matar, que as máquinas não se pervertem assim sozinhas, mas apenas expressam, no longo prazo, apenas concretizam as imagens mórbidas que o homem dos séculos XIX e XX recalcava em seu subconsciente; que, se as catástrofes se abatem sobre nós, não obstante o imenso esforço aparente para a prosperidade e a felicidade, é porque talvez desejássemos secretamente essas catástrofes, porque talvez tivéssemos uma doentia obsessão por elas, porque talvez carregássemos em nós esse gosto pela infelicidade que tortura, sem seu conhecimento, tantos neuropatas que não querem se curar.

Segundo a lógica – não dos livros, mas da vida –, a humanidade deve construir um número cada vez maior de máquinas, pela mesma razão que a leva a fazer voar os aviões cada vez mais rápido e mais alto. O Homem das Máquinas não se libertará das Máquinas, porque o mundo artificial que elas lhe permitiram criar condiz com sua angústia, não passa de uma projeção dessa angústia sobre as coisas. Qual é a natureza dessa angústia? Quais são suas causas? A esta altura da minha demonstração, certos leitores talvez esperem de mim a tirada habitual do escritor católico sobre os temíveis efeitos da Incredulidade. Acho que frustrarei suas expectativas. O mundo avançou demais miséria adentro para conseguir suportar sem revolta nem repulsa as demonstrações dos doutores e o espetáculo de sua intolerável segurança. Os doutores demonstram os males que analisam como se não tivessem nada a ver com eles, quando sabemos perfeitamente que, ao contrário, uma solidariedade impiedosa vincula crentes a incrédulos, que o nível de impiedade sobe na proporção exata, na medida estrita em que abaixa, nos cristãos, o nível da Divina Caridade, até que esse nível tenha caído tão baixo que a Igreja, por sua vez, conforme o que foi predito no vigésimo terceiro domingo subsequente a Pentecostes, passe pelas provações que outrora pesavam sobre a Sinagoga. Em vez de esfregar orgulhosamente no nariz de nossos irmãos perdidos a Letra de uma Lei cujo Espírito fomos incapazes de fazer triunfar, deveríamos tratar de compreender que, se por escolha de Deus e pela água do batismo, somos responsáveis pelos ímpios, os ímpios não são responsáveis por nós.

O mundo está doente, muito mais doente do que imaginamos, e é isso em primeiro lugar o que seria necessário reconhecer, a fim de ter compaixão por ele. O mundo está sob a ameaça de perecer, e os Doutores parecem se interessar por sua agonia com o único intuito de extrair disso argumentos favoráveis a suas teses. Se a agonia do mundo justifica suas teses, nem por isso justifica a eles: antes os condenaria. Eles criticam, condenam, prescrevem, mas seria muito melhor que amassem, pois a solução não é pôr o mundo na escola: primeiro é preciso curá-lo. No entanto, permanecemos fiéis a antigos métodos de colégio, destinados apenas ao mau aluno, e tratamos o desespero com o castigo da lição de casa suplementar.

Não basta dizer que o Mundo das Máquinas deve ser salvo. Deveria antes ser resgatado. Resgatado é realmente a palavra que convém, pois sua situação em relação ao Dinheiro é exatamente a mesma do devedor inadimplente que a Lei Romana transformava em escravo do credor. O Homem das Máquinas não está apenas sob a ameaça de um dia pertencer às Máquinas: já lhes pertence, isto é, pertence a um sistema econômico que vincula seu destino cada vez mais ao das máquinas, à construção das máquinas, ao desenvolvimento das máquinas.

Seria absurdo, portanto, pretender libertar o mundo por uma revolução econômica. A organização econômica do mundo é admiravelmente lógica e coerente, contanto que se raciocine como um economista, isto é, sem levar em conta valores morais impossíveis de traduzir em números. Para vencer o sistema, seria preciso uma revolução espiritual análoga à de dois mil anos atrás, quero dizer, uma nova explosão do Cristianismo, proporcional à resistência de um tipo de civilização muito mais grosseiro, mais rudimentar e, por consequência, muito mais sólido e compacto que o outro. Essa revolução ainda é possível? Ignoro-o. Alastrar o Evangelho num mundo saturado de ideias cristãs apequenadas, deformadas, degradadas, ajustadas à medida dos medíocres – ou por vezes até mesmo desviadas de seu sentido, "enlouquecidas", como dizia Chesterton outrora –, isso só seria possível por milagre. Esse milagre nos será dado? Não teremos nos tornado indignos demais? Será que lograremos sucesso onde São Francisco de Assis fracassou?

II. ENTREVISTA CONCEDIDA AO *DIÁRIO* DE BELO HORIZONTE

(Junho de 1944)

Segui com muito interesse as recentes campanhas do *Diário*. Queria ter certeza de que, neste estado de Minas – e até mesmo no país inteiro –, as pessoas se dão conta da importância extraordinária de um jornal de que nem todos os colaboradores são jovens, mas do qual cada linha, no entanto, é o testemunho admirável da vitalidade, do entusiasmo, da mordacidade da juventude brasileira, e também, junto com ela, da juventude do mundo.

O senhor acredita num próximo grande movimento da juventude do mundo?

Sim, acredito nisso. Acredito que essa restauração do espírito de juventude ocorrerá em todos os planos do pensamento, da ação – da Moral e da Arte. Desejo com todas as minhas forças uma renovação, pela juventude de espírito, não apenas das verdades, mas, ouso dizer, até mesmo dos erros. Qualquer coisa vale mais do que viver num mundo onde os erros e as verdades estão tão igualmente desfigurados pela corrupção que é difícil distinguir entre eles, fator que alimenta, nos covardes e nos imbecis, a pavorosa ilusão de um acordo possível, não entre adversários de boa-fé, mas entre doutrinas exangues, por meio de vergonhosos subterfúgios, que desonram os antagonistas a pretexto de reconciliá-los.

O senhor acredita que essa é, precisamente, uma ilusão da velhice de espírito?

A velhice de espírito não tem ilusões. O que ela chama de ilusão não passa de um cálculo egoísta, tão natural e tão espontâneo que pode muito bem ser apenas parcialmente consciente. A velhice de espírito é o espírito que compactua. A velhice de espírito tenta fazer com que a juventude de espírito sinta vergonha de suas posições absolutas. No entenato, o que a velhice de espírito opõe a essas posições, sob o nome de sabedoria, é o calculismo de uma previdência abjeta que poderia ser resumido assim: "Vamos dar um jeito de fazer o provisório durar tanto quanto nós: depois de nós, pouco importa!". Essa foi a política de Munique. Seria uma estupidez querer justificar essa política com a alegação de que, embora deploravelmente destituída de generosidade e de grandeza, ela ao menos é preservadora. A velhice de espírito preserva apenas a si mesma. A velhice de espírito é essencialmente destruidora. A covardia das democracias capitalistas e conservadoras na China, na Etiópia, na Espanha, na Checoslováquia redundou, antes de mais nada, num desperdício colossal das forças morais do mundo. Se pudéssemos fazer a conta das consciências que esse escândalo matou ou feriu com gravidade, compreenderíamos que o realismo esgotou espiritualmente os povos, antes de entregá-los ao desastre inevitável. Aliás, esses poucos meses de sursis não tiveram apenas um custo moral muito caro. Salvaram momentaneamente certo número de vidas francesas ou inglesas, mas à custa de outras vidas humanas, não menos preciosas, na China, na Etiópia, na Espanha. Ainda hoje os imbecis ficam maravilhados com o total extraordinariamente pouco elevado de perdas anglo-americanas. Cinco anos de guerra custaram menos que nossa única ofensiva na região de Somme em 1917. Ao longo desses cinco anos, porém, quantos poloneses, quantos judeus, quantos mártires foram fuzilados, asfixiados, enforcados, torturados nos campos de concentração? Só na França, esse número ultrapassa 150 mil. De uma maneira ou de outra, à custa de um ou de outro, sempre se paga o preço da vitória – não apenas em libras ou dólares, mas em dores, em sacrifícios. E, por exemplo, parece verdadeiro que a abundância, a superabundância do equipamento permite poupar os homens. O equipamento fica encarregado de queimar, esmagar, nivelar. Depois disso, as tropas passam. Como outrora a covardia, a cegueira, a incúria das antigas democracias isolacionistas e muniquenses infelizmente entregaram a Europa aos ditadores, agora é em nossas próprias terras, nas terras da liberdade, que o rolo compressor deve passar. Dessa forma a relativa segurança dos combatentes é paga pelo holocausto dos não combatentes e pela aniquilação de cidades ilustres, cuja perda é irreparável.

Em suma, a seu ver o espírito de Munique continua dominando?

Domina mais do que nunca, porque se dissimula na guerra muito mais facilmente do que na paz, que expõe sua abjeção diante de todos os olhares. Os militares conduzem a guerra, mas é o espírito de Munique que inspira a política da guerra, da qual sairá necessariamente a política da paz. Em 1938, esse espírito exaltava uma paz sem honra; amanhã, exaltará uma paz sem justiça. Oh! É claro, certos leitores acharão que sou pessimista. Não sou mais pessimista do que em 1938. Nem estou mais enganado que então. O espírito de Munique subsiste porque os homens de Munique se mantiveram em todos os lugares, porque eles continuam a dominar as administrações públicas, a imprensa, o rádio, os bancos. Se essa gente tivesse de ser enforcada, isso teria ocorrido em 1940, desde o primeiro desastre. No entanto, como escaparam dessa justa retribuição por seus crimes, afirmo que hoje só podem ser beneficiados com a lassidão e a decepção dos povos, e que vão dar a volta por cima. É o que já se vê nos Estados Unidos, onde o Isolacionismo prepara abertamente a queda de Roosevelt.

O que se pode fazer contra o espírito de Munique?

Nada se poderá fazer contra o espírito de Munique enquanto durar o sistema político, econômico e social do qual esse espírito é a expressão. O reino do Dinheiro é o reino dos Velhos. Num mundo entregue à ditadura do Lucro, qualquer homem capaz de preferir a honra ao dinheiro fica necessariamente reduzido à impotência. É a condenação da juventude de espírito. A juventude do mundo só pode escolher entre duas soluções extremas: a abdicação ou a revolução.

Qual revolução?

A meu ver, só existe uma: a que se iniciou há dois mil anos, no dia de Pentecostes.

O senhor não teme que a palavra revolução aplicada ao Cristianismo provoque um escândalo?

Não é culpa nossa se a palavra *revolução* se revestiu de um sentido materialista. Mas ela já não consegue assustar os Conformistas tão gravemente quanto no tempo do Syllabus. Já faz alguns anos que os fiéis e o clero se familiarizaram com ela. Mesmo levando em conta – assim espero – as advertências do grande papa Pio XI, milhões e milhões de cristãos acreditaram na revolução fascista, na revolução franquista, e alguns entre eles ainda acreditam, provavelmente, na Revolução dos Acadêmicos e dos Sacristãos de Vichy. Será preciso lembrar a atitude da maioria do clero italiano durante a guerra da Etiópia – guerra essa, no entanto, de tipo nitidamente imperialista, e que foi declarada apesar de compromissos solenes e levada até o fim contra populações indefesas, com uma crueldade abominável, que não recuou diante do emprego maciço da iperita, de que nem mesmo Hitler havia ousado se servir até então? Apesar de sua inspiração capitalista, as revoluções fascistas nem por isso deixavam de ser revoluções, e revoluções sangrentas.

No entanto, elas se diziam anticapitalistas.

Diziam-se anticapitalistas assim como se diziam cristãs, com a mesma impostura. Todos sabem atualmente que foram as altas finanças e a indústria avançada que fizeram o fascismo, com a cumplicidade da Monarquia italiana. Hitler perseguiu apenas o capitalismo judaico, em benefício do capitalismo nacional. Quanto à revolução franquista, é melhor não falar a respeito. Franco sacrificou tudo às potências do dinheiro, inclusive a própria Falange.

E a Rússia?

A Rússia leninista era anticapitalista e antimilitarista. Mas a Rússia está reorganizando seu capitalismo, assim como já reorganizou magnificamente seu exército. Se os acontecimentos seguirem seu curso, a Rússia será brevemente a maior potência capitalista do mundo. De que adianta fazer uma distinção entre capitalismo de Estado e capitalismo privado? Ambos procedem da mesma concepção da vida, da ordem, da felicidade, e acabam sempre por se entender. As democracias anglo-saxônicas não se orientam para uma espécie de capitalismo de Estado? Esses rótulos diferentes recobrem a mesma mercadoria – o absolutismo da Produção, a ditadura do Lucro, uma civilização utilitária e naturalista. Esse mundo estupidamente qualificado de moderno, como se o fato de existir na atualidade fosse para ele uma justificativa suficiente, dispõe de meios enormes, e principalmente de uma propaganda cuja potência, cuja eficácia, cuja universalidade não se comparam a nada que o homem tenha visto – ou mesmo imaginado – até hoje. Sonhar opor-se a ele com os mesmos meios seria tão inútil quanto pretender frear um assalto de tanques com pás e picaretas. Aliás, no futuro ele será visto a controlar pelo rádio, pela imprensa, pelo cinema, pela instrução oficial todos os meios de expressão do pensamento. A questão não é opor-se a ele, nem transigir com seus princípios e métodos. É conquistá-lo. Nossos pais não se opuseram ao Império Romano, eles o conquistaram.

O senhor está falando de uma conquista espiritual?

Evidentemente não estou falando de uma conquista por divisões blindadas. Mas tampouco acredito que a vocação de todos os cristãos seja a de se consagrar exclusivamente à oração, como único meio eficaz de apressar o advento do Reino de Deus. Aliás, na antiga Cristandade os verdadeiros contemplativos também tinham encargos sociais consideráveis. Repito que não se trata de melhorar, mas de transformar. O erro dos cristãos, nos últimos duzentos anos, foi acreditar que a partida estava definitivamente ganha para o Cristianismo, que a existência da Igreja tornava impossível um renascimento do paganismo, sob uma forma ou outra, que a Igreja só tinha diante de si filhos revoltados ou pervertidos, mas cristãos em seu âmago. Durante séculos, até mesmo a moral esteve tão profundamente impregnada de espírito cristão que teria parecido impossível que ela deparasse com outros adversários além dos libertinos. Quem teria imaginado então que um dia uma nova moral viria se opor a ele, que essa moral formaria consciências, imporia disciplinas mais estritas que a nossa e – por uma inversão sacrílega da ordem divina – teria seus místicos, seus ascetas e seus mártires?

A vitória das democracias não será um golpe decisivo contra ela?

Não creio. Teria sido possível vencê-la facilmente quando ela ainda não passava de uma construção do espírito, um divertimento de filósofos. No entanto, como diz São Boaventura, o diabo é o Macaco de Deus, ele conhece o preço do sangue do homem. As ideias falsas pelas quais se sofre e se morre adquirem uma vitalidade temível. Não seria possível combatê-las apenas com argumentos e restrições, mas somente com outros confessores e outros mártires. Entre esses homens e essas mulheres que se espremem todos os domingos nas igrejas, ou que seguem em fileiras cerradas as procissões tradicionais ao som de uma música militar e em meio ao estouro de fogos de artifício, quantos seriam capazes de sofrer pela Verdade da mesma maneira que tantos infelizes sofreram sob Hitler, Mussolini ou Franco? É o segredo de Deus. Se o conhecêssemos, poderíamos predizer exatamente se as provações da Igreja vão se agravar ou acabar.

III. 14 DE JULHO DE 1944

Quarta-feira passada, às três horas e quarenta e cinco, enquanto eu me preparava, sentado no ônibus sem janelas de Barbacena, para suportar pacientemente, como de costume e para expiação dos meus pecados, a mescla de suplícios – poeira, aperto e solavancos – que faz desse estranho veículo um instrumento de locomoção e também de santificação, meu caro amigo e confrade Francisco Sobral, acompanhado do comandante Lelio Graça, entregou-me uma carta que só pude ler alguns quilômetros à frente, na altura do Jockey Clube. Ao saber que vocês queriam me dar a honra de ter meu nome à frente da seção francesa do Centro de Cultura, meu primeiro movimento não foi – por que não lhes dizer? –, como deveria ter sido, um movimento de modéstia, mas de alegria. Disse a mim mesmo que, graças ao pensamento generoso de vocês, eu deixaria aqui essa lembrança no dia próximo – muito próximo, eu espero – em que retornarei ao meu país para ver a alma da França, o gênio da Liberdade surgir das ruínas de nossas cidades, de nosso solo purificado por uma dupla libação – o sangue dos mártires, e também o sangue dos traidores. Mas esse movimento de alegria – e, talvez, de orgulho, pois como vocês devem saber, sem dúvida, sou tido por homem um pouco devoto, e os devotos sentem dificuldade para praticar a virtude da humildade, provavelmente porque a pregam com demasiada frequência aos outros –, esse movimento de alegria e de orgulho, como eu disse, não durou muito tempo, pois o veículo logo atravessou a linha do trem, em frente ao posto policial, e uma mala me caiu na cabeça, ao mesmo tempo que uma senhora gorda, uma senhora muito gorda – gorda bonita[1] –, me caía sobre os joelhos. Decidi então deixar para depois o exame da questão – até meu retorno a Barbacena –, quando, numa noite transparente e pura, uma verdadeira noite de inverno de Minas, eu voltaria, no passo tranquilo do meu cavalo Oswald, para nossa casinha perdida ao luar, como uma bolha de ar num bloco de cristal...

Senhoras e senhores, essa meditação noturna não mudou grande coisa em meu sentimento inicial. Pensei que não tinha nada melhor a fazer do que aceitar com alegria o que vocês me oferecem com tanto coração. Meu único escrúpulo é exatamente o que agora lhes confio, pois dos amigos eu nada gostaria de esconder: achei-me um pouco comprometedor. É verdade que sempre assumi claramente – o mais claramente que pude – uma posição em todos os terrenos religiosos ou políticos. Não seria adequado que, ao aceitar que vocês dessem meu nome a um empreendimento aberto a todos, a todas as boas-vontades, eu parecesse – bem falsamente, aliás – reconhecer apenas certos aspectos da cultura francesa. Senhoras e senhores, não renego nada dessa cultura. Nem como cristão nem como francês, nada renego dela. Posso muito bem fazer uma escolha entre as ideias e os homens – existem ideias falsas e homens desprezíveis –, mas a cultura francesa não é um conjunto de ideias e de fórmulas, um sistema. A cultura francesa é uma obra de arte, que os séculos poliram e repoliram, na qual as contradições primitivas se resolveram pouco a pouco, na qual cada coisa acabou por encontrar seu lugar, as luzes e as sombras. Peço desculpas por expressar sumariamente demais uma ideia um pouco difícil, numa língua que não é a de vocês, mas vocês não estão aqui para trocar banalidades fáceis, não é mesmo? E a verdade que enuncio me parece indispensável a todos que amam meu país como ele deseja ser amado, isto é, a todos que se esforçam em compreendê-lo. A cultura francesa é, antes de mais nada, uma atitude diante da vida, ou melhor ainda, uma

---

[1] Em português no original. (N. T.)

maneira de viver. A cultura francesa não se ensina, como uma ciência. É uma obra comum a todos, um empreendimento universal ao qual cada um pode proporcionar o que tem – uma aliança, uma amizade, uma fraternidade.

Eis por que, Senhores, permitam-me dizê-lo de passagem, devemos nos congratular de ver confiados os destinos nascentes da obra que vocês realizam não a um velho, nem mesmo a um jovem doutor – os mais jovens nem sempre são os menos pretensiosos –, mas a uma moça, capaz de conferir charme até mesmo à erudição, uma jovem francesa plena de entusiasmo, de bom senso e de discernimento. Essa homenagem prestada àquela que representa tão bem a causa que vamos nos esforçar em servir não é uma simples homenagem de cortesia banal. Ela me permite retomar uma verdade que toquei, há pouco, apenas de leve. A França não está apenas nos livros, nem se deve procurá-la apenas nos livros: está nos homens, nas obras saídas das mãos dos homens, e as mais humildes em aparência não são as menos preciosas – digo as obras dos homens, saídas de suas mãos, de mãos operárias e camponesas. Senhoras e senhores, ao pensarem na França, se nunca a tiverem visto, não pensem primeiro em suas bibliotecas e museus, mas em suas belas estradas cheias de sombra, em seus rios tranquilos, em seus vilarejos floridos, em suas antigas igrejas rurais, seis ou sete vezes centenárias, em suas cidades ilustres, rutilantes de história, mas de um acolhimento simples e discreto, em nossos velhos palácios, construídos tão rente ao chão e em tão perfeito acordo com o horizonte que um americano, habituado aos arranha-céus de seu país, correria o risco de passar por eles sem enxergá-los. E quando pensarem em nossa literatura, pensem nela como uma espécie de paisagem quase semelhante àquela que acabo de descrever, igualmente familiar, igualmente acessível a todos, pois nossas maiores obras são também as mais próximas da experiência e do coração dos homens, de suas alegrias e seus sofrimentos. É exatamente porque os séculos nos enraizaram com tanta profundidade em nosso solo, em nossa terra, que podemos opor à tirania uma frente invencível. Para nós, a liberdade não é uma abstração, uma imagem greco-romana, uma lembrança de colégio. Nossa liberdade é uma realidade viva e permanente, que nossos pais viram com seus olhos, tocaram com suas mãos, amaram com seu coração, regaram com seu suor e seu sangue. Nossos campos, nossas cidades, nossos palácios, nossas catedrais não são o símbolo da nossa liberdade, mas essa liberdade em si, a liberdade da qual só devemos prestar contas a Deus, que só restituiremos a Deus.

Senhoras e senhores, eu disse há pouco que a cultura francesa era uma maneira de viver: poderia dizer mais exatamente ainda que ela é uma maneira de amar. E primeiramente, de amar a vida. Quem se aproxima de nós, de nossa civilização, de nossa história, deve primeiramente prestar conosco uma homenagem à vida, amar a vida. É no amor à vida que fundamos até mesmo nosso Cristianismo, ao passo que a triste e violenta Espanha, toda impregnada de semitismo, gosta de fundar o seu na morte. Por causa disso somos o povo mais cristão da terra, quero dizer o mais espontaneamente, o mais naturalmente cristão. Mesmo aqueles entre nós que não acreditam que Deus se fez homem, que a Verdade eterna pode ser amada numa alma e num corpo, que a Vida e a Verdade são uma coisa só, em uma das Pessoas divinas – *via, veritas et vita* –, pensam e sentem como se nisso acreditassem. Amamos a vida. Acreditamos nela. Sabemos que ela não nos mentiu, que ela não faltará com suas promessas. Ah! Senhores, se milhões de homens se precipitaram na servidão, na abjeta segurança da servidão, é porque não amavam a vida, porque haviam perdido a esperança na vida.

Mas cuidado. Não damos à palavra *vida* o mesmo sentido vago e trágico que os alemães, cujos devaneios panteístas sempre têm, cedo ou tarde, um desenlace sangrento. Os alemães adoram a Vida sacrificando-lhe os homens, assim como a seus antigos ídolos. Nós amamos a vida porque ela foi feita por Deus, porque Ele fez a vida para os homens, e não os homens para a vida. Enquanto esperamos possuí-la um dia em sua plenitude, honramos a parte dela que nos foi dada neste mundo. Nós a honramos e amamos não em figuras e em símbolos, mas em suas manifestações temporais, a pátria, a região, o vilarejo onde nascemos, a terra estrangeira aonde o destino nos levou e até a casa desconhecida onde dormimos uma noite e que talvez nunca esqueçamos. O famoso jornalista americano Waldo Frank – mas todos os jornalistas americanos são famosos – me perguntou certa vez como eu podia amar o Brasil se havia viajado tão pouco, se ele próprio, que o havia percorrido em todas as direções, não ousava se gabar de conhecê-lo: "O que você quer que eu faça?", respondi, "tenho a impressão, justamente, de que você se agitou muito por aí. Para amar, é preciso dar-se o tempo de amar. Para me tornar um pouco brasileiro, primeiro eu me fiz mineiro,[2] tentei me enraizar em algum lugar. Não dá para se enraizar na linha do trem".

Senhoras e senhores, como eu lhes dizia ao começar, aproxima-se o dia em que, por um tempo mais ou menos longo, talvez para sempre, verei o Corcovado se desvanecer pouco a pouco acima do horizonte. Deixarei o Rio sem ter visto nem o Cassino Atlântico nem o da Urca, sem ter posto os pés no famoso Quitandinha, que mais parece, na majestosa paisagem de Petrópolis – digo-o entre nós –, uma gigantesca construção de papelão, talvez porque existe para uso dos milionários de papel. Não terei visto nem o Cassino Atlântico nem o da Urca, nem o Quitandinha, mas ficarei contente em dirigir meu adeus não a um Brasil um pouco abstrato, o Brasil dos guias das estradas de ferro e das estatísticas, vasto demais para que se possa reuni-lo inteiro num único pensamento fervoroso, mas a esse estado de Minas onde vivi com minha mulher e meus filhos, a esse povo de Minas, e mais terna e fielmente ainda, permitam-me dizê-lo, à parte mais humilde, mais sofredora desse povo. O Cristianismo não nos ensina a buscar a Deus em seus pobres? Pois bem, se o povo de Minas me fez compreender

---

[2] Em português no original. (N. T.)

o Brasil, foram os pobres de Minas que me fizeram compreender o povo mineiro; por que não lhes prestaria hoje uma modesta homenagem, que, aliás, não chegará até eles? Pois tenho certa experiência dos pobres de Minas. A casa onde moro fica na extremidade do mais miserável subúrbio de Barbacena, longe das ruas carroçáveis, fervilhante de infância e de miséria. À medida que avanço em anos – ou seja, que escuto há mais tempo os imbecis falarem a torto e a direito daquilo que jamais aprenderam –, acredito cada vez mais que um país se conhece por suas crianças e seus pobres. Infelizmente, em Cruz das Almas não há crianças ricas: as palavras *pobre* e *criança* são sinônimas. Pois bem; o que primeiro me espantou, e depois me deixou comovido e admirado, foi a resistência desses pequenos seres à miséria, ao frio, à fome. E o princípio dessa resistência humilde, inflexível diante de todas as forças da morte, não aparece em seus membros franzinos, em seus músculos frágeis, mas naquele olhar magnífico, pleno de uma vontade de viver a um só tempo humilde e selvagem, aquele olhar estranho que jamais vi em nenhuma das nossas crianças. Esse olhar das crianças de Minas, aprendi pouco a pouco a reconhecê-lo nos pais. Nos pais, decerto, a vida o fez murchar um pouco: gastou-o, por assim dizer. Mas ele expressa a mesma paciência indomável que a própria morte não desarma, pois esse olhar se desviará tão pouco dela, quando chegar a hora, quanto se desviou da vida. Senhoras e senhores, disse há pouco que nunca vi esse olhar em criança alguma do meu país. É provavelmente porque nasci muito tarde. Quando o povo da França ainda lutava para conquistar seu solo contra a natureza hostil, quando construía sua grandeza e sua história, as crianças do meu país tinham com certeza esses mesmos olhos. É o olhar de um povo que sempre deverá sua liberdade apenas a si mesmo, um povo formado para a liberdade, porque não a recebeu de ninguém, mas conquistou-a dia após dia, pagou-a com seu labor obscuro, com seus sacrifícios sem número, com sua paciência, sua fé: porque a arrancou das entranhas de seu solo natal, das entranhas da Pátria.

IV. A FRANÇA NO MUNDO DE AMANHÃ

(Novembro de 1944)

Não tenho a pretensão, naturalmente, de falar em nome da França. Estou convencido de falar em nome de grande número de franceses. Podemos ter esperança no mundo de depois de amanhã. Não temos muita esperança no mundo de amanhã. Desprezamos profundamente aqueles que, mesmo sem esperar muito mais do que nós, ainda assim fazem profissão pública de otimismo, a pretexto de que não se deve desanimar ninguém. Lamentavelmente, é possível cultivar a esperança com mentiras, assim como se mantém uma aparência de prosperidade econômica pela inflação. Cedo ou tarde, porém, toda inflação desemboca em falência.

O mundo de amanhã provavelmente se parecerá com o de ontem. Para renovar-se ele teria de fazer um esforço imenso e, antes de mais nada, romper com um sistema de hábitos e preconceitos que até a véspera da catástrofe lhe permitiram justificar seus erros, poupando-se assim do sacrifício e da humilhação de repará-los antes que fosse tarde demais. Um mundo esgotado por uma guerra de cinco anos é capaz de tal esforço? A História nos responde que não. O esgotamento da guerra pode agir à maneira daquelas copiosas sangrias com as quais os alienistas do século XVIII pretendiam acalmar os loucos furiosos. No entanto, o mundo está diante de problemas cuja resolução é tão urgente que ele não poderia se dar ao luxo de uma terapia de relaxamento, de apaziguamento, de readaptação aos pacatos trabalhos da paz. É preciso se renovar, isto é, criar. Destruir e criar. O simples bom senso proíbe pensar que se possa exigir algo semelhante de um mundo que não apenas acaba de viver uma aventura monstruosa, selvagem, como nela se envolveu outrora com inconsciência – ou, antes, com a pior das consciências, pois tentou até o último minuto todos os subterfúgios, todas as mentiras. Não acreditamos que ele terá a coragem de se renovar. Acreditamos que fará algo pior do que retornar às antigas mentiras: inventará outras, disfarçará as antigas. Simulará a revolução, uma revolução sem riscos, uma revolução igualitária cuja conta será paga pelo indivíduo, mas que reforçará ainda mais a potência do Estado, pois a causa da igualdade não é a da liberdade. Simulará a revolução, arrastará para ela a juventude, que, aliás, não pede outra coisa senão ser convencida, que fala e se agita muito sem mudar de lugar, que se define em vez de agir. A França desconfia do mundo de amanhã. Ela não poderia esperar até que os eventos justificassem essa desconfiança. O mundo de amanhã nos dá sérias razões para prever que ele não passará de um jogo de concessões mútuas. Uma vez envolvida nesse jogo, a França não poderá se desprender: nele se perderá sem retorno. A França pretende, dessa vez, deixar às Democracias o risco e a responsabilidade das soluções provisórias. A França deve reservar o futuro. Diante do mundo de amanhã, espero que a atitude da França não dê margem a nenhuma ambiguidade muito fácil de explorar pelos impostores. Desejo que essa atitude seja uma atitude de recusa.

Esse desejo não expressa pessimismo algum. Reservar o futuro não é desesperançar do futuro. Não há espetáculo mais digno de piedade que o de certas juventudes que se vangloriam de ser otimistas porque, tendo perdido o sentido da ação, acreditam já ter feito muito em dizer o que queriam e, sobretudo, o que não queriam. As gerações que marcaram seu lugar na História – ou antes, que orientaram a História – não executaram programas. É o que acontece com todas as formas superiores da ação – isto é, da criação –, a começar pela criação artística. Ao começar um livro, um verdadeiro romancista parte rumo à conquista do desconhecido, e não domina sua obra exceto na última página: a obra resiste até o fim como o touro estoqueado que se deita aos pés do matador, esvaindo-se em sangue e espuma. As gerações que fizeram grandes coisas sempre acabaram por fazer coisas que não tinham imaginado de início. Desconfio dos ingênuos que tomam este mundo por um quadro-negro no qual se escrevem fórmulas que, em caso de erro, podem com toda a liberdade ser apagadas com a esponja.

O problema que se apresenta atualmente não é o da ordem, ou então esse problema está mal formulado. O problema que se apresenta é o problema da liberdade. A liberdade sobreviverá à crise que o mundo acaba de atravessar? Desaparecerá pouco a pouco das leis, dos costumes? A noção desvanecer-se-á pouco a pouco da memória dos homens? Quem formula o problema da liberdade formula, de fato, o problema do homem. Qual é o valor exato da matéria humana com a qual faremos, amanhã, nossas experiências? Temos o direito de raciocinar como se estivéssemos seguros de que ela não sofreu nenhuma alteração profunda? Com uma espécie de entusiasmo religioso, de delírio sagrado, milhões e milhões de homens na Itália, na Alemanha, na Espanha, na Rússia, efetuaram a entrega de sua liberdade. Não falo daquela liberdade inferior que consiste, por exemplo, no direito de dispor livremente de seu tempo, mas da liberdade de julgar, de pensar. Orgulharam-se de julgar e de pensar cegamente como o mestre adorado que julgava e pensava por eles. É fato ou não que milhões de homens morreram heroicamente, alegremente, para manter até o fim o direito de delegar seu livre-arbítrio a um Chefe, de delegá-lo a ele sem reservas e sem retorno, de não ser mais que uma vontade que se tensiona, um braço que golpeia a serviço de um Partido? Os imbecis parecem acreditar que esse fenômeno teve um caráter superficial, que a propaganda e a pedagogia vencerão facilmente suas consequências. No entanto, os milhões de homens dos quais acabo de falar não agiam assim por ignorância, não precisavam em absoluto que lhes fosse ensinado o que era a liberdade. Todos eles pertenciam a antigas Cristandades históricas, conheciam perfeitamente – muito melhor, talvez, que um operário do sr. Ford – o significado dessa palavra. Nem por isso desprezaram menos, ridicularizaram menos a palavra e a coisa, repetindo entre si a atroz sentença de Lênin: "Liberdade? Para quê?". E outros milhões de homens mundo afora os aprovavam e invejavam – aberta ou secretamente. Até que ponto a ideia de liberdade foi assim distorcida nas consciências? Pois o fenômeno que acabamos de analisar certamente tem causas distantes. Voltemos a 1900, aproximadamente: nem um único homem em cem mil teria ousado prever esse fenômeno, ou mesmo imaginá-lo. No entanto, ele se preparava. Enquanto os intelectuais do mundo celebravam o triunfo final, irrevogável, da Democracia, o prestígio da liberdade se degradava lentamente, sem nosso conhecimento. A ideia de Democracia se difundia cada vez mais em todo o mundo, a ponto de nele reinar quase inconteste sobre os espíritos, mas será a ideia de liberdade interdependente da ideia de Democracia? A Verdade é que a ideia de democracia evocava, havia muito tempo, apenas um ideal igualitário de reformas sociais destinadas a garantir o conforto das massas, sob a tutela crescente do Estado. Por mais que essas massas, por força do hábito, ainda falassem em liberdade de pensamento, sua liberdade de pensar já não estava, havia muito tempo, sob ameaça direta, elas não lhe atribuíam grande valor, aquele valor que lhe teriam atribuído, por exemplo, no tempo da Inquisição. E mais! Elas tinham o culto da Ciência, do Progresso. Teriam podido pensar contra a Igreja, mas como teriam ousado pensar contra a Ciência, opor a vontade delas ao Progresso, expressão popular do Determinismo universal? Vimos nascer e propagar-se nas massas populares essa religião da Ciência. De início ela não pareceu ter outro inimigo além da superstição. Não prevíamos que, ao arruinar indistintamente não apenas as superstições, mas também as crenças, acabaria por destruir uma crença essencial, indispensável, na qual se baseia a ideia de liberdade – a fé do homem em si mesmo. Enquanto exaltava a Humanidade, simultaneamente humilhava o homem, esmagava-o um pouco mais a cada dia diante da natureza; elevava a Humanidade às maiores alturas e delas precipitava o homem, o macaco superior em evolução; sacrificava o homem à Humanidade, assim como o Totalitarismo o sacrifica ao Estado, à Nação. O culto da Humanidade, que substituiu aquela Religião do Homem cuja mais alta expressão é o Cristianismo, que nos diviniza – quero dizer, que diviniza cada um de nós, que faz com que cada um de nós participe da Divindade, que dá a cada um de nós, ao mais humilde entre nós, um preço infinito, digno do sangue divino –, o sacrifício do homem à Humanidade, da Humanidade ao Progresso, para desembocar ridiculamente no sacrifício do próprio Progresso à ditadura do Econômico: esse foi o crime ao qual ficará associada para sempre a palavra Democracia, forma burguesa da Revolução. O *Contrato Social* de Rousseau expressa muito bem o sentimento, ou ao menos o complexo de sentimentos ardentes que lançou o Antigo Regime na Revolução, não como num abismo onde ele seria engolfado, mas como num cimo ao qual ele não cessara de tender. A independência do indivíduo diante do Estado é aí levada até o paradoxo, e a desconfiança diante da Sociedade assume aí o caráter de uma condenação – o homem nasce bom, a sociedade o deprava; já para Robespierre, a questão se resume ao Estado, à Nação e a um Ser supremo que serve de caução metafísica para a Nação, o Estado. De popular, a Revolução se tornara burguesa. De fato, a burguesia sempre ligou seu destino ao do Estado, num espírito um pouco semelhante ao daquela Sociedade de Jesus que ligou o seu ao poder, cada dia mais extenso, da Autoridade Pontifícia. Alguns anos depois de 1789, com Napoleão, não se viu essa burguesia colaborar para a mais furiosa tentativa de centralização jamais vista desde o tempo longínquo dos Antoninos e dos Severos?

Sou às vezes censurado por não ser democrata. Não sou nem democrata nem antidemocrata. Considero apenas que a palavra *democrata* não oferece nada de claro nem de satisfatório para o espírito. Todos puderam e podem se dizer democratas, inclusive o Führer e Mussolini. Os democratas antitotalitários são, é claro, pessoas muito simpáticas. Infelizmente, porém, recusam-se a ver a democracia nos fatos, isto é, em seu desenvolvimento real. Recusam-se a vê-la na História. Para retomar uma comparação anterior, suponhamos que um habitante de Sirius pudesse observar a evolução geral da Europa e da América até a guerra de 1914. Se o imaginarmos mais objetivo que nós, mais alheio a nossas paixões, ou, melhor dizendo, dotado de uma lucidez sobre-humana, angélica, o vocabulário pacifista e humanitário dos homens de 1900 não o teria enganado. O vocabulário democrático continuava a ser o vocabulário individualista da Declaração dos Direitos, mas havia muito tempo que a Democracia não estava de acordo com seu vocabulário. Em 1910, os impostores intelectuais falavam a linguagem de Rousseau, ao passo que a Legislação reforçava em toda parte a potência do Estado. Se houvéssemos dirigido ao habitante de Sirius a pergunta: "A Europa e a América evoluem para a Democracia?", o homem de Sirius poderia ter respondido: "Ainda não sei exatamente o que vocês entendem por democracia, mas se eu me ativer ao que vejo, ao que vocês verão brevemente, eu diria que o mundo evolui rapidamente para as guerras econômicas e militares – umas tão inexpiáveis quanto as outras –, para um Nacionalismo atroz em nome do qual os governos favorecerão abertamente a traição do homem pela Ciência, a insurreição da Maquinaria contra a Humanidade".

Repito que o que deturpa ou esteriliza qualquer discussão entre os homens de boa vontade é a confusão entre a palavra *democracia* e a palavra *liberdade*. Acreditamos ser indispensável advertir as jovens gerações contra um mal-entendido que em poucos anos lhes custará uma vez mais rios de sangue. Respeito profundamente a imagem que se forma dentro deles quando pronunciam essa palavra mágica. Essa imagem, absolutamente diferente da realidade, é, a meu ver, uma herança sagrada, pois foi a essa imagem de justiça, da fraternidade, que milhões de homens sacrificaram sua nobre vida. Permito-me, no entanto, perguntar aos jovens de boa-fé: "Será que as experiências dos últimos trinta anos os autoriza a manter, quanto a esse assunto, as ilusões do operário parisiense das barricadas de 1830 ou 1848"?.

Apesar dos progressos da indústria, a França de 1830 ainda era um grande país agrícola. Contrariamente à Inglaterra, a fortuna e a propriedade estavam extremamente divididas dentro dela – Balzac denunciou, num de seus mais célebres romances, o perigo dessa divisão excessiva. Os partidos políticos estavam organizados de maneira rudimentar, a imprensa estava em sua infância, o jornal era não raro uma empresa desinteressada que dispunha de um capital mínimo, ao alcance de qualquer um. Em tal meio, a democracia pôde se exercer patriarcalmente, em família – não nos escritórios das Companhias Anônimas, dos Trustes, mas na praça do vilarejo, no café, na oficina, por um povo que a civilização capitalista não havia arrastado em sua corrida desvairada, alucinante, um povo que ainda tinha tempo para si. E nos dias de hoje a palavra *democracia* continua a significar para os ingênuos o governo ideal da "gente simples". Esses ingênuos parecem não se dar conta de que a existência da democracia de seus sonhos num mundo tal como este não é menos inconcebível que a existência de um exército do século XVI na guerra moderna; de que é tão ridículo para eles esperar a instauração da verdadeira democracia quanto, para mim, esperar a restauração da Monarquia de São Luís. Qualquer homem dotado de senso histórico deveria compreender que a mística democrática sobrevive não obstante sua absoluta desvinculação do fato democrático que deveria lhe corresponder, como a alma separada do corpo. Quando falamos assim, retrucam-nos com respostas tranquilizadoras: "A Democracia será isto, a Democracia será aquilo, Churchill disse, Roosevelt afirma...". Que nos importam essas definições! Mesmo um idiota deveria compreender que, num Regime Capitalista, o sufrágio universal tende a se tornar um truste como qualquer outro, e num Regime socialista de tendências totalitárias, um instrumento de poder a serviço do Estado – o que ele era, aliás, na Alemanha. Pois foi o plebiscito que fez Hitler, Hitler saiu das entranhas do povo, os povos também fazem monstros, e só eles, provavelmente, são capazes de fazê-los. Estarei autorizado a expressar uma observação sobre isso, mesmo que ela corra o risco de não ser compreendida por ninguém? A igualdade proletariza os povos, os povos tornam-se massas, e as massas sempre darão tiranos a si mesmas, pois o tirano é precisamente a expressão da massa, sua sublimação. Não se faz uma sociedade com massas, e sem sociedade verdadeira não há liberdade organizada. Se vocês querem ser livres, comecem, portanto, por refazer uma sociedade, imbecis!

Alguns amigos muito queridos me haviam pedido umas páginas para estes cadernos. Dou-as a eles. Nunca pensei em fornecer-lhes um programa, contento-me em denunciar certo número de imposturas. Seja qual for o nome com que ela se apresente, nenhuma experiência de salvação será possível enquanto se quiser passar, graças a um sistema qualquer de leis ou de regulamentos, do estado atual do mundo a um estado de segurança, ou mesmo de conforto. Tal experiência é absurda. Podemos, é claro, encontrar a fórmula de alguma solução provisória, mas nesse caso os que vierem depois de nós pagarão muito caro por nosso egoísmo e nossa covardia, e terão razões legítimas para amaldiçoar nossa memória. Se não nos sentimos capazes desse crime contra o futuro, é preciso compreendermos desde já que nossa geração e várias outras, com certeza, deverão se sacrificar em prol do trabalho necessário de restauração, que esse sacrifício – total – lhes será pedido: ou seja, ele deverá ser feito na dúvida, na angústia, porque os novos caminhos que, custe o que custar, teremos de abrir não nos oferecerão nenhum ponto de referência garantido. Quando escrevo a palavra *restauração*, penso primeiramente, é claro, na restauração dos valores espirituais. No entanto, o mesmo raciocínio seria perfeitamente válido no que tange à restauração dos valores materiais. Um americano eminente deplorava outro dia, diante de mim, a atitude da imensa maioria de seus concidadãos, que, neste momento, se fazem uma única pergunta: qual dos dois candidatos, Dewey ou Roosevelt, é o mais capaz de manter os altos salários? Nenhuma política seria capaz de manter definitivamente os altos salários, mas os eleitores não querem reconhecer isso.

Revoltam-se contra a perspectiva de uma crise dolorosa, que salvaria o futuro à custa do presente, isto é, à custa deles.

O mundo realista moderno, em sua hedionda ganância, em seu orgulho cruel, não corrompeu apenas as tradições, as instituições, as leis: corrompeu também os homens. Para refazer uma sociedade digna desse nome, é preciso refazer os homens. Caros amigos católicos que me leem, talvez vocês pensem consigo que esse cuidado nos diz respeito, e eu lhes digo que nos tornamos muito incapazes dessa tarefa. Sentimo-nos vivos entre tantos infelizes que já têm a aparência de mortos, e é verdade que estamos vivos, se viver significar que continuamos a respirar. Seria necessário, porém, que estivéssemos duas vezes, dez vezes mais vivos, que tivéssemos imensas disponibilidades de vida! Ora, vivemos com um pequeno capital de vida, e dele não poderíamos deduzir grande coisa para nossos irmãos sem correr o risco de perder o fôlego. Meu Deus, ao falar assim não espero convencer nenhum daqueles a quem essa verdade humilha, e que a recusam! Nada é mais fácil do que persuadir a si mesmo de que se está vivo, muito vivo: basta gesticular muito, falar muito, trocar ideias como se trocam tostões, uma ideia chama outra, como imagens no desenrolar dos sonhos. Ai de cada um! Basta examinar-se um pouco para facilmente descobrir em si essas fontes de energia corrompida, estéril. Um artista as conhece melhor que outros, pois todo trabalho de criação consiste precisamente em recalcá-las, em dominá-las, em calar a qualquer custo esse ruído monótono. Quando se pensa no material enorme, colossal, que a imprensa, o rádio, o livro põem ao alcance de qualquer um, começa-se a perceber que o cérebro do homem moderno, tão logo sua atividade sai do círculo estreito da especialidade, da profissão, trabalha extremamente pouco, e com base num pequeno número de slogans.

Católicos, não basta exaltar a verdade, conviria antes conhecer o valor do que poremos a seu serviço. Sei perfeitamente que tudo que escrevo sobre a diminuição ou, se é que é possível dizer, sobre a desvalorização do homem moderno, exaspera alguns de nossos leitores.

Que importa? Eu só estaria errado se, ao proclamar essa desvalorização para os outros, eu me negasse a acreditar-me desvalorizado. Mas não é o caso. Sei que não escapo à desvalorização geral, conheci bem demais, em minha juventude, o homem da antiga França, da antiga Europa, para me iludir quanto a esse ponto. Que a superioridade desses homens sobre nós, não em inteligência, decerto, mas em caráter ou, ao menos, em "tônus" vital, viesse apenas dos costumes, dos usos, dos hábitos – isto é, do clima moral e mental em que eles haviam sido formados –, que importa? Em 1914, eu já tinha 26 anos. Vivi mais de meio século, portanto, num mundo onde, para falar apenas desse detalhe, o uso do passaporte só existia em dois países atrasados, a Rússia e a Turquia. Em todos os outros lugares, na Europa e também de um lado e de outro do Atlântico, nenhum policial, sem uma razão das mais graves, e sem estar munido das autorizações necessárias, teria ousado pedir seus documentos a um viajante decente – rico ou pobre –, o qual, aliás, teria considerado essa curiosidade um insuportável ultraje a sua dignidade. É evidente que um menino educado desde pequeno para provar docilmente, várias vezes por dia, a funcionários com frequência pouco corteses, que ele não é um assassino, nem um ladrão, nem um espião – em suma, um menino que acha perfeitamente natural que jamais acreditem em sua palavra –, não pode ter, no fim das contas, uma mentalidade muito diferente da de um dos pensionistas daquelas prisões ultramodernas – como nos mostra o cinema americano –, que parecem constituir, a meu ver, a imagem perfeita da sociedade futura.

Pode-se considerar frívolo esse exemplo. Os que pensam assim demonstram simplesmente sua incompreensão do problema. O amor humano – o amor de um ser por outro ser – se mede também por certos detalhes, por certos matizes de atitudes que a linguagem dos amantes chama de "atenções". Quando, num país, o mais modesto cidadão se revolta instintivamente contra qualquer intrusão em sua vida privada, isso é um sinal mil vezes mais eloquente do que cem mil discursos, conferências ou relatórios sobre a proteção das liberdades indispensáveis. Quando pela primeira vez, por volta de 1905, se falou na França em imposto de renda, muitos observadores julgaram absolutamente impossível fazer com que os franceses aceitassem a intervenção da Administração Pública encarregada de controlar sua conta no Banco ou seus lucros comerciais. Desde então, no entanto, andamos muito... Logo acharemos perfeitamente natural desobrigar os médicos do segredo profissional, a fim de permitir ao Estado, como na Alemanha ou na Rússia, esterilizar os transmissores de enfermidades ou de afecções hereditárias. A guerra provou e prova a cada dia a pavorosa docilidade do público diante de qualquer regulamento ou restrição. Quando essa docilidade for a regra, tanto na paz como na guerra, de que adiantará discutir sobre os fundamentos jurídicos da liberdade?

De que adianta torturar o espírito tentando encontrar a fórmula de novas instituições liberais? Não se trata de edificar com muito custo instituições liberais; trata-se de ainda ter homens livres para pôr dentro delas.

O mundo não se organiza para a paz. Organiza-se para novas guerras. Foi o que já escrevi textualmente num livro publicado em 1930, *La Grande Peur des Bien-pensants* [O Grande Medo dos Conformistas]. Este mundo se organiza para novas guerras porque se sente incapaz de organizar-se para a paz, de organizar a paz. Dado o ponto de aflição universal em que estamos, uma verdadeira paz exigiria das nações vitoriosas um discernimento, uma audácia, uma generosidade de que elas não se sentem capazes. Quem de nós ainda ousaria falar da Carta do Atlântico sem rir? O cinismo dos governos agora se expõe à luz do dia, os que ameaçam fazem estalar o chicote, os que tremem não se preocupam nem um pouco em esconder seu tremor. Fazem disso uma desculpa diante dos amigos traídos por eles, quase chegariam a fazer disso um mérito. O mundo não se organiza para a paz porque não se organiza para a liberdade. Cada passo contra a liberdade é um passo para a guerra.

A França olha esse mundo não como um inimigo a ser combatido, mas como um sócio pouco leal com quem é perigoso colaborar, exceto na medida absolutamente indispensável para o bem comum. Meu país já não tem exército, nem grandes navios. Com exceção de um único, seus portos magníficos são recobertos pelas ondas, muitas de suas cidades estão em cinzas, suas estradas rodoviárias, arrasadas, suas estradas de ferro, destruídas. Para meu país, portanto, não se trata de impor a quem quer que seja sua concepção tradicional da vida, mas ele não deve se deixar envolver na enorme impostura que se prepara. Devemos nos resignar corajosamente a que essa recusa seja mal compreendida, e nossas intenções, caluniadas, até mesmo, talvez, por amigos sinceros. Saber-se-á cedo ou tarde qual serviço teremos, assim, prestado ao mundo. A França não tem meio algum, repito, de rejeitar uma paz que não seria condizente nem com sua razão nem com sua consciência, mas pode ao menos recusar-lhe seu testemunho e sua caução. Entre os que me leem, mais de um provavelmente pensará consigo: "Por mais medíocre que ela seja, por que não nos entenderíamos todos para deixar essa paz, como se diz no meio esportivo, tentar a sorte?...". No entanto, não é à paz que vocês estão dando uma chance, e sim às ideias falsas, a certa concepção absolutamente falsa da ordem na Paz, justamente aquela que acaba de lançar a civilização no caos. Essas ideias falsas dispõem do poder material; razão a mais para que lhes oponhamos o que nos resta, um pequeno número de ideias justas, humanas, pelas quais ainda esperamos nos salvar, às quais, porém, nos recusaríamos a sobreviver.

V. A REVOLUÇÃO DA LIBERDADE

(Dezembro de 1944)

(... Há vinte anos o pequeno-burguês francês se recusava a permitir que registrassem suas impressões digitais, formalidade até então reservada aos prisioneiros. Oh! Sim, eu sei, vocês devem estar pensando que se trata aí de insignificâncias.) No entanto, o homem de meu país, o homem da antiga França atribuía a essas bagatelas uma importância enorme. Cada cidadão, cada corporação, cada estado, cada confraria, cada cidade e praticamente cada vilarejo tinha seus privilégios e os mantinha a qualquer custo. Durante séculos, policial algum teria atravessado a entrada inviolável da Universidade de Paris sem ser massacrado pelos estudantes. A abadia de Saint-Germain-des--Près, como muitas outras, desfrutava de direito de asilo. Os imensos terrenos que ela possuía à beira do Sena se haviam assim transformado num antro de malandros. O abade lhes propôs o embarque para a América, por conta dele, e com um pecúlio. Dezoito recusaram, e para eles se exigiu do Rei uma carta de perdão. O homem da antiga França, caro leitor, facilmente lhe pareceria, nos dias de hoje, um anarquista. O que você chama de desordem, ele chamava de ordem. Sou um homem da antiga França, as Democracias uniformizadas me fazem rir. No século XVIII, a opinião pública se ergueu contra o costume de alistar à força, nos portos, em caso de necessidade, certo número de jovens marinheiros. Também acusava os sargentos de pagar com excessiva generosidade a bebida oferecida aos rapazes cuja assinatura eles solicitavam, e que os transformaria, por seis anos, em soldados do Rei...

Atualmente a exceção se tornou a regra, a Democracia mobiliza tudo, homens, mulheres, crianças, animais e máquinas, sem nem mesmo nos pedir para brindar a sua saúde. Sou um homem da antiga França, tenho a liberdade no sangue. Vocês me dirão que a antiga França não foi nada delicada com os judeus. Não aprovo essas injustiças, mas é preciso compreendê-las. Os judeus sempre foram precursores. Desde o século XI, esforçaram-se de todas as maneiras para constituir, no interior da Cidade Cristã, uma Sociedade Capitalista. Os homens da antiga França tomavam empréstimos com os judeus. Ao fim de alguns anos, suas terras, seus animais, suas casas, transformadas em ouro pela temível alquimia da usura, haviam acabado por se empilhar nos porões da Comunidade judaica, do gueto. Quando nossos ancestrais não possuíam mais que uma camisa, lembravam-se de súbito – um pouco oportunamente demais, reconheço – que os judeus haviam crucificado Nosso Senhor, e iam pilhar os porões dos judeus. Dificilmente teria sido possível convencê-los a morrer de fome diante da porta desse porão no intuito de prestar homenagem, com seu sacrifício voluntário, ao sacrossanto princípio da Propriedade, deus único e exclusivo da civilização moderna.

A antiga França tampouco foi delicada com os heréticos; mas nunca aconteceu entre nós o que aconteceu na Espanha. Nossas guerras de religião foram guerras civis, guerras de partidos. A prova de que a antiga França não odiava os heréticos é que ela amou loucamente Henrique IV justamente pelo fato de ele haver reconciliado a todos, colocado em pé de igualdade a alta nobreza protestante, paga pela Alemanha ou pela Inglaterra, e o partido clerical subsidiado pela Espanha, como ontem por Mussolini e Franco. Naqueles tempos, aliás, a Igreja era a única força capaz de representar um contrapeso ao Estado, aos nobres, aos ricos. Os pobres-diabos, que tinham tantos membros da família entre os clérigos, ficavam lisonjeados que um senhor tivesse de dar passagem a um simples fradépio e acorriam aos sermões terrivelmente demagógicos dos monges mendicantes, como, atualmente, às assembleias operárias. Toda essa gente compreendia que as perdas para a Igreja não eram ganhos para ela e via no Evangelho – com muita justeza – a carta dos miseráveis. Ao longo de uma entrevista como esta, não gostaria de escrever nada que lembrasse as frases rituais dos escritores católicos sobre um assunto como esse, não quero entediar ninguém. Que me seja apenas permitido dizer que talvez a Igreja volte a ser, no futuro, o que ela foi no passado.

Enquanto escrevo estas linhas, algumas centenas de homens cujos nomes são ignorados pelo público, mas cujo poder é quase sem limites, reunidos dentro de escritórios padronizados e suntuosos, discutem entre si sobre os recursos de que cada nação dispõe: quanto de ferro, de cobre, de manganês, de fosfatos, de petróleo; e acreditam-se capazes de determinar em última instância, com base em suas estatísticas, o destino do gênero humano. Pois eu também tenho o direito de estabelecer estatísticas. Pergunto-me qual é o país onde se pode encontrar, se não o maior número de homens livres, ao menos o maior número de homens hereditária e tradicionalmente apegados não a uma ideia vaga, teórica ou jurídica da liberdade – como um filósofo deísta ao conceito do Ser Supremo, inacessível e incognoscível –, mas a suas liberdades, a seus direitos, por mais humildes que os suponhamos; a seus direitos, a sua dignidade! Para que um homem possa se dizer livre, é imprescindível que ele tenha feito de sua Liberdade seu ponto de honra. Um homem honrado pode prescindir de rádio, de cinema, de carro, de geladeira, mas não pode prescindir de honra. Recusa-se a ceder a mais ínfima parcela de sua honra, isto é, de suas liberdades legítimas. Um homem de honra pode muito bem morrer por um ponto de honra – por uma razão aparentemente fútil. Ela só é fútil para os imbecis. Com efeito, o imbecil é o único capaz de se perguntar seriamente se o simples gesto, apenas esboçado, de uma bofetada deve ser considerado menos insultante que um pontapé no traseiro. Quando se compreende isso, fica-se muito menos inclinado a rir do decente burguês francês que se recusava a deixar registrarem suas impressões digitais. Ele tinha todo o direito de se perguntar se a coisa toda pararia por aí, se não acabariam por marcar a ferro quente um número em sua coxa, a fim de facilitar o trabalho dos funcionários públicos. Aliás, as razões usadas para justificar a primeira medida serviriam também para justificar a segunda. Serviriam para muitas outras, serviriam quase ao infinito. O erro comum consiste em dizer a si mesmo, a cada nova restrição: "Afinal de contas, é só uma liberdade que estão me pedindo. Quando se permitirem exigir minha liberdade inteira, protestarei com indignação!". Existem mulheres, assim, que se acreditam em segurança ao lado de um homem porque ele ainda não lhes pediu francamente que deitem com ele. Não pedirá nunca. Elas terão deitado com ele muito antes que ele tenha pedido.

Existe uma religião da Liberdade, existe uma religião da Honra, existe uma religião do Homem. Nos grandes dias de sua história, nosso povo jamais quis distinguir entre elas. É em nome da honra, em nome do interesse, da segurança, do bem-estar, é em nome da dignidade incessível e inapreensível do homem diante do Estado que ele exige a liberdade. Não é uma estranha impostura colocar a serviço de todas as concepções inspiradas pelo determinismo uma Revolução da qual Rousseau é o patrono? "O homem é livre, a sociedade o deprava"; eu me pergunto o que podem tirar daí, em prol de sua causa, as pessoas que legislam, que regulamentam da manhã à noite, com o pretexto – nem sempre assumido, mas evidente, inegável – de defender seu sistema contra seu pior inimigo, o indivíduo, o homem só, o animal temível de reações imprevisíveis, que eles só consideram manejável em tropas, como os touros da Andaluzia. "O homem é bom, a sociedade o deprava." Reconheço o erro, mas ele é generoso, ele é nobre. Faz 150 anos que os escritores católicos o crivam de sarcasmos, e ele faz Maurras espumar. É triste que, com tanta frequência, os católicos prefiram a esse erro um pessimismo estéril, que não está longe de transformar o homem, com Taine, em fera má e incorrigível. Consideram esta última concepção mais ou menos condizente com o dogma do pecado original. Ao afagar assim sua crença no pecado original, acaba-se por envolver os homens em erros mil vezes piores que o otimismo de Rousseau, acaba-se por associá-los não a ilusões, mas a crimes. No entanto, eles sabem muito bem que, se existe no homem um princípio de pecado, a graça lhe dá os meios de superar indefinidamente a si mesmo. Que importa! Já não querem que tenhamos esperança, como nossos pais, no Reino de Deus neste mundo, têm medo de nele perder seu lugar. Permitem que se difame o ser misterioso feito à imagem de seu Criador, alçado até ele, irmão de Cristo, Cristo ele próprio, associado à Redenção universal. Permitem que seja difamado não por malícia, provavelmente, mas por um hábito inveterado de servilismo diante dos poderes constituídos, para agradar às pessoas sérias, aos juízes, aos policiais, no temor de serem chamados de anarquistas pelos proprietários... "O homem é bom, a sociedade o deprava." Acho que tal máxima teria perfeitamente seu lugar entre aquelas ideias que Chesterton denominava "ideias cristãs enlouquecidas". Afinal, no fim dos fins, o homem foi criado sem malícia, já a Sociedade, não, ela que, embora sendo parte da vontade de Deus, é obra do homem. E qual cristão não reconheceria, nessa desconfiança que Rousseau lhe tinha, um lembrança deformada, enfraquecida, da maldição lançada por Jesus Cristo contra o Mundo, a Sabedoria do Mundo, o realismo do Mundo. – "Não rogo pelo Mundo."

Peço desculpas por dizer aqui, em poucas palavras, o que daria matéria para um livro, mas que importa! Aqueles que leem estas linhas com indiferença dormiriam sobre o livro. Nunca falei para pessoas que, a pretexto de compreender, exigem de mim que eu as tranquilize, que eu as deixe confortavelmente em paz com seus hábitos de pensar e sentir, com seu comodismo caseiro. Para aqueles que querem correr o risco de pensar por si mesmos, não tenho instrução a dar: tento abrir-lhes um caminho. Não sou um filósofo, um pensador, um professor. Sou um homem como vocês, como qualquer um de vocês, mas sinto o que vocês não sentem, o que vocês sofrem sem sentir – a imensa pressão exercida a cada hora, dia e noite, sobre todos nós, pelo conformismo universal, anônimo, dotado de recursos inesgotáveis, de métodos engenhosos e implacáveis para deformar os espíritos. Esses recursos, esses métodos estão nas mãos de um pequeno número de homens endinheirados e sem escrúpulos, muito mais poderosos que os governos, e cuja boa vontade estúpida é mais temível que sua malícia. Sob seus repetidos golpes, vejo afundarem, uma após outra, tradições espirituais mil vezes mais preciosas e veneráveis que a venerável e preciosa abadia de Mont-Cassin. Não sou professor nem filósofo, mas, se o fosse, não acreditaria que bastasse opor algumas definições irrepreensíveis a milhares de slogans que manobram organizados e atacam juntos, como tanques. Sempre se faz pouco de pessoas que ficam só no blá-blá-blá. No entanto, também existem pessoas que ficam só nas ideias. Que importa a ideia inscrita num papel frio ou num cérebro quase tão frio quanto o papel! É preciso que uma ideia se encarne em nosso coração, que ela aí ganhe o movimento e o calor da vida. Esse é um ponto de vista que deveria ser familiar a todos os cristãos, se a maioria não tivesse por tanto tempo preferido a Letra ao Espírito: o Verbo de Deus se fez carne. Quando a ideia de liberdade só existir nos livros, estará morta. Vocês que me leem, comecem pelo início, comecem por não se desesperançar da Liberdade! O enorme mecanismo da Sociedade moderna impressiona sua imaginação, seus nervos, como se seu desenvolvimento inexorável devesse, cedo ou tarde, coagi-los a entregar o que vocês não lhe dariam de bom grado. O perigo não está nas máquinas, senão teríamos de sonhar o absurdo: destruí-las pela força, à maneira dos iconoclastas que, ao quebrar as imagens, se vangloriavam de aniquilar também as crenças. O perigo não está na multiplicação das máquinas, mas no número crescente de homens habituados desde a infância a desejar apenas o que as máquinas podem dar. O perigo não é que as máquinas os transformem em escravos, mas que sua liberdade seja restringida indefinidamente em nome das Máquinas, da manutenção, do funcionamento, do aperfeiçoamento da Maquinaria universal. O perigo não é que vocês acabem por adorar as Máquinas, mas que sigam cegamente a Coletividade – Ditador, Estado ou Partido – que possui as Máquinas, que dispõe das Máquinas, que lhes dá ou lhes recusa o que as Máquinas produzem. Não, o perigo não está nas Máquinas, pois não existe outro perigo para o homem senão o próprio homem. O perigo está no homem que, neste momento, esta civilização se esforça em formar.

O indivíduo dispõe de um pequeno número de meios, menor a cada dia, para resistir à pressão da massa, como um submarino resiste, durante a submersão, à pressão da água. Ao longo da História, todos os regimes tentaram formar um tipo de homem afinado com seu sistema e dotado, por conseguinte, da maior uniformidade possível. É ocioso dizer uma vez mais que, para alcançar esse objetivo, a civilização moderna dispõe de meios enormes, inacreditáveis, incomparáveis. Tem todas as condições para levar o indivíduo a trocar pouco a pouco suas liberdades superiores pela simples garantia das liberdades inferiores; o direito à liberdade de pensar – que terá se tornado inútil, visto que parecerá ridículo não pensar como todo mundo – pelo direito ao rádio e ao cinema cotidiano.

Peço desculpas por conferir a um pensamento absolutamente correto esse tom de ironia, essa pitada de humor. É difícil, decerto, imaginar um cidadão das Democracias vindo trocar, no guichê do Estado, sua liberdade de pensar por uma geladeira. As coisas não acontecerão exatamente assim, é claro. Conhecemos, porém, a tirania que o hábito exerce sobre quase todos os homens. Vemos atualmente a especulação explorar com uma espécie de fúria crescente os hábitos dos homens. Sem descanso, ela cria novos hábitos – e ao mesmo tempo os brinquedinhos mecânicos que seus engenheiros lhe fornecem, incansavelmente lançados por ela no mercado. A maioria dessas necessidades, constantemente provocadas, cultivadas, excitadas por essa forma abjeta de Propaganda chamada Publicidade, virou mania, vício. A satisfação cotidiana desses vícios levará sempre o nome modesto de conforto, mas o conforto já não será o que foi no passado, um embelezamento da vida pelo supérfluo, pois o supérfluo se torna pouco a pouco indispensável, graças ao contágio do exemplo sobre os jovens cérebros de cada geração. Como vocês querem que um homem modelado desde as primeiras horas de sua vida consciente por tantas formas de servidão atribua um grande valor, no fim das contas, a sua independência espiritual diante de um sistema organizado precisamente não apenas para lhe dar esse conforto pelo preço mais baixo, mas também para aperfeiçoá-lo sem descanso?

Diante desse sistema, a França se recusa a abdicar. Não por apego ao passado, mas por fidelidade ao futuro, pois acredita que esse sistema carrega em si o princípio de sua própria destruição, que ele destrói a si mesmo progressivamente. As guerras não o salvarão da falência, a falência não o salvará das guerras. As guerras se tornam cada vez mais instrutivas, e a falência dele é permanente – quero dizer que ele subsiste graças às falências, pois uma falência compensa a outra. Nosso país fez o que pôde por ele. Perdeu sua fortuna, outrora a mais sã e mais sólida da Europa, comprometeu e perdeu sua potência militar. Repito que nosso país se recusa a comprometer numa causa já condenada o que lhe resta, aquilo que lhe devolverá cedo ou tarde o que ele perdeu: sua magistratura espiritual. Um dia desses o intrépido vice-presidente dos Estados Unidos designou impiedosamente o sr. Mac Cormick como o protótipo desses Mestres do Sistema que acabo de descrever, ao qual gostariam que a França continuasse a se associar. A França recusa associar-se com o sr. Mac Cormick. Faz muito tempo que a França tenta com toda civilidade fazer-se compreender pelo sr. Mac Cormick.

De tanto tentarmos ser compreendidos pelo sr. Mac Cormick, arriscamo-nos a acabar não compreendendo a nós mesmos. O vice-presidente dos Estados Unidos diz, sobre o sr. Mac Cormick, que ele põe o dinheiro acima do homem. Seria mais justo dizer "os Negócios", pois o sr. Mac Cormick deve ser vegetariano, como o sr. Hitler e a maioria dos bilionários americanos; então é bem possível que ele tenha necessidades monetárias pessoais muito modestas. Ao sacrificar o homem aos Negócios, o sr. Mac Cormick está absolutamente alinhado com o espírito do sistema, que parece imolar o homem em qualquer altar – o do Partido, o da Nação, o do Determinismo econômico –, mas que na realidade só o sacrifica a si mesmo, isto é, a suas inúmeras experiências. Estamos fartos dessas experiências. O sistema pretende fazer a felicidade do homem apesar do homem. O sistema não faz o homem, mas põe a culpa desse fracasso no homem, na resistência do homem, e então aperta um furo a mais no cinto de sua disciplina. Pedirá amanhã o que o Cristianismo não exige de ninguém, o que ele aconselha somente aos seus Santos: a obediência total, a obediência espontânea, simples e alegre ao Mestre. Sabemos o que a França aí perdeu, sabemos o que ainda a ameaça. Para que nosso país se alinhasse durante vinte anos com uma política destinada a levá-lo logicamente ao sacrifício total, calculado com toda frieza, ele foi mantido de modo sistemático sob um duplo terror, o terror alternado do Nazismo e do Comunismo. A guerra não interrompeu em absoluto essa manobra de divisão e desmembramento. Por meses a fio estabeleceu-se uma oposição simulada entre Laval e Pétain, como outrora entre Daladier e Blum. As primeiras vitórias russas, num momento em que ainda não se temia que elas decidissem o destino da paz, orientaram a política realista para nossa Resistência nacional. No período de euforia subsequente ao desembarque americano, ela se aproximou do Conservadorismo francês, julgado – não sem motivos, ai de nós! – capaz de negociar sua aliança com a democracia à custa do interesse e até da integridade nacional. O jovem e heroico Fernand de la Chapelle, justiceiro do almirante

Darlan, prestou relevantes serviços ao abater esse homem escolhido para executar a operação; graças a Fernand de la Chapelle esse cálculo cínico foi momentaneamente desbaratado: mas a ofensiva geral russa, ao permitir o despertar e a utilização máxima dos antigos terrores, poderia muito bem fazer com que fosse retomado amanhã.

É um pouco desanimador dar a impressão de anunciar ou mesmo predizer acontecimentos que já estão diante dos olhos de todos. Que importa! Aqueles a quem minhas afirmações desconcertam deveriam compreender que Stálin já não precisa das massas revolucionárias da Europa para realizar sua tarefa, como no tempo em que, sem exército, sem indústria, sem governo, a Rússia só podia contar com a propaganda marxista. A Rússia dispõe atualmente de todas as realidades tradicionais do poder: um exército vitorioso, uma indústria que um dia talvez chegue a alcançar e a superar a indústria americana, pois o regime a pôs de uma vez por todas em estado de mobilização absoluta, total e permanente – ela nada tem a temer das greves. Por que a Rússia se arriscaria a criar concorrentes capazes de empregar os mesmos métodos de eficiência radical? Por que não quereria, na Europa – assim como querem os Estados Unidos –, governos compostos sob o signo da reconciliação, isto é, absorvidos pela liquidação geral das responsabilidades de guerra, pela tarefa de inocentar e reintegrar os traidores, fracas ditaduras comparáveis à de Pétain, mais ou menos eficientes no interior, mas absolutamente inofensivas no exterior, e dependentes, além disso, da enorme produção soviética? Por outro lado, quem ousaria afirmar que uma parte da opinião inglesa e americana, preocupada em retomar a experiência fascista com mais garantias, já não esteja sonhando com um bloco de nações conservadoras, com um bloco latino – o famoso bloco latino do sr. Maurras – econômica e politicamente controlado? Se a guerra devia se concluir com uma paz compactuada, longe de prever um surto de anarquia na Europa, o mais razoável seria prever aí uma terrível barreira reacionária.

A moda nos meios burgueses é falar em todas as ocasiões, a torto e a direito, de Revolução. O sistema está tão visivelmente imprestável que seus reformadores não ousam nem se confessar reformistas. Mas a inexperiência desses infelizes se manifesta por um sinal: tão logo se pronuncia a palavra *Revolução*, eles indagam tristemente entre si sobre o programa da Revolução. Aceitam sublevar o povo, contanto que sintam no bolso interior do paletó uma espécie de plano Beveridge de quinhentas páginas, carregado de fórmulas, gráficos e estatísticas. Não parecem sonhar um único instante que uma Revolução é de início, é primeiramente, é essencialmente a debandada das forças contrarrevolucionárias – uma debandada sempre momentânea, pois sabemos que elas voltarão a se juntar, a se reformar, a apresentar uma nova frente compacta, aparentemente impossível de romper. E é verdade que essa frente é quase sempre inabordável, exceto em momentos muito breves, e é nesses momentos que se faz a História. Uma Revolução é de início, é primeiramente, é essencialmente um momento revolucionário. Se vocês não são capazes de irromper na primeira brecha aberta, como um animal prisioneiro irrompe fora da jaula, vocês são reformistas, não revolucionários. É aos Senhores, aos Poderosos, aos opulentos que vocês devem se dirigir para oferecer suas fórmulas, seus gráficos e suas estatísticas, a fim de evitar precisamente que cometam erros de manobra.

Se essas últimas linhas os escandalizam, lancem ao fogo todas as páginas que acabaram de ler, pois não souberam lê-las. Só as escrevi para denunciar-lhes a imensa enganação desta guerra, caso ela tornasse a se fechar sobre a revolta do mundo, caso tivesse pego a revolta do mundo numa armadilha – com a isca da liberdade –, como a um rato na ratoeira. Ou, se preferirem outra comparação, vimos o abscesso amadurecer desde Munique e, por um breve momento, acreditamos que ele rebentaria. Dele não saiu, porém, uma única gota de pus, o cirurgião foi embora com seu bisturi, o médico multiplica os emplastros, o inchaço diminui pouco a pouco, a infecção se espalha pelas veias e, quando o doente tiver acabado de reabsorver, junto com os erros e os crimes, o imenso material de produção de guerra, só lhe restará preparar-se tranquilamente para a morte por septicemia.

Sou o único a escrever certas verdades, sei disso. Pouco me importa ser o único a escrevê-las se milhões de homens ponderados as têm em mente, sem ousar expressá-las. Existem milhões de homens que já não esperam grande coisa desta guerra: nenhum daqueles acontecimentos imprevistos, decisivos, fulminantes que põem tudo em questão. A única incógnita desta guerra, a partir de agora, é a Revolução dos povos oprimidos.

Quando nos perguntam: "Que Revolução é essa que você anuncia?", repito uma última vez que não se deveria esperar que tirássemos um plano de nosso bolso, pois esse plano teria sido feito por nós, e não somos Reformistas. Não queremos reformar este sistema, não temos nem mesmo a pretensão de destruí-lo no sentido exato da palavra, pois ou um sistema se destrói sozinho, ou se fortalece incessantemente pelo uso. Seríamos loucos se tentássemos destruir este sistema a tiros de canhão, visto que, neste momento, ele próprio se encarrega da tarefa. Para pô-lo decididamente em perigo, bastaria talvez uma ruptura de equilíbrio na matéria viva, na matéria humana, pensante e sofrente, da qual ele não poderá prescindir, ao menos enquanto não tiver aperfeiçoado seus robôs elétricos. Nossa esperança não é absurda. Reflitam por um momento; remetam-se ao início deste século. Os homens quase não parecem ter mudado desde aquele tempo e, no entanto, vocês compreendem muito bem que o clima moral em que viviam tornava quase impossível, ou mesmo impensável, o advento das Ditaduras europeias. Essa expressão, "clima moral", os tranquiliza? Vocês pensam consigo, provavelmente, que um clima moral só poderia ser modificado pelos métodos pacíficos da Propaganda? Desiludam-se! Os instrumentos da propaganda já estão fora do nosso alcance, fora do alcance dos homens livres. A fundação de um jornal, supondo que ela ainda seja possível, custará tão caro amanhã quanto uma divisão de tanques.

Atualmente, porém, Deus dá uma chance à liberdade; eis o que eu quero dizer, aquilo de que gostaria de convencê-los.

É possível que esta guerra já esteja militarmente ganha, mas isso não diz tudo. Soubemos, há 25 anos, o que é uma guerra ganha em quatro anos pelos soldados e perdida em um mês pelos Peritos. Uma guerra ganha pode ser perdida antes mesmo que as fossas se tenham resfriado; uma guerra pode ser liquidada em seis meses, junto com os sacrifícios e as esperanças dos homens. E nós que, outrora, naquela primavera de 1918 carregada de presságios, sentíamos que a guerra havia durado tempo demais, provocado ruínas demais, alterado gravemente os cálculos dos especuladores, que ela havia passado do plano militar e político – em que a moral ainda pode ter seu lugar – ao plano econômico – em que deixa de tê-lo –, que, enfim, as Finanças universais já haviam tomado as rédeas do negócio, nós nos consolávamos um pouco dizendo-nos que os Combatentes decidiriam sobre o resultado da operação, que esta última ao menos não se realizaria sem eles. Ignorávamos – ai de nós! – que a Técnica moderna é capaz de desmobilizar milhões de homens com menos risco do que, ainda ontem, dez regimentos. Fomos desmobilizados por classes, por frações de classes, reincorporados ao elemento civil gota a gota e com batidas vigorosas, para que a mistura fosse mais íntima, exatamente como o óleo dentro da maionese. Desta vez, porém, é de outra desmobilização que se trata: a dos povos subjugados.

Não a creio fácil, essa desmobilização; espero que seja mais que um simples problema administrativo, resolvido pelos serviços do Abastecimento americano. Espero-o não por apreciar a desordem, mas por ver aí uma chance – a última, para os povos – de vencer por um momento a técnica e, talvez, de orientar a História. Ora! Não somos demagogos! Não pretendemos que a História seja feita apenas pelas massas, pelo instinto das massas, mas também não acreditamos que ela deva ser a criação artificial de um pequeno número de interesses onipotentes, a serviço dos quais estão os Técnicos. A Itália fascista foi uma dessas criações. Essa experiência sinistra está terminada, mas quem arcará com a conta? Quem arcará com a conta da experiência espanhola? Ou da experiência alemã, a maior catástrofe moral da História? Os realistas, mesmo católicos, objetarão que, como o mal está feito, melhor não deixar desenfrear-se a fúria das massas ludibriadas e traídas. Por quê? Preferimos esse risco para o mundo. Esse risco é conforme à história, conforme ao homem, conforme à natureza das coisas. É conforme à ordem do mundo, à vontade de Deus, que os povos se vinguem. Eles se vingam ao acaso, dizem vocês? Quem lhes prova isso? Oh! É claro, a vingança dos povos não é exatamente um instrumento de precisão. O que se espera de uma carga de dinamite é que ela abra um caminho. Sim, a progressão atual – aparentemente inevitável – das sociedades humanas para todas as formas de ditadura pode ser invertida, desviada pelo maremoto que anuncio. Os Fariseus podem até fingir que tremem ao pensar nas vítimas próximas desse maremoto. Os Fariseus reconhecem somente à guerra o direito de matar os homens. Mas será que a Revolução lhes dá tanto medo? *Revolução*, *Expurgo*, eis as palavras que, no tempo da Cruzada espanhola, eram como mel em sua boca. Os bispos espanhóis que, com duas exceções, se haviam abertamente solidarizado com o Regime Expurgador fomentavam de bom grado a acusação de que eu tinha medo de sangue. Não era o sangue que me dava medo; era vê-lo em suas mãos.

O que acabo de dizer tem, para mim, uma gravidade particular. Falei muito raramente sobre a Resistência Francesa, mas é porque penso nela sem cessar. A Resistência Francesa é o fato misterioso, o fato sagrado do drama tão obscuro do meu país. Refletamos bem sobre isso! Não se trata de formar um coro com os políticos, com os oradores, com os comerciantes de literatura, que o pintam com cores pretensiosas e vulgares. O drama da Resistência é um drama humano, radicalmente humano, com suas pequenezas e suas grandezas, suas contradições inevitáveis. Amo-o e tento compreendê-lo, não apenas naquilo que me ultrapassa, mas também no que permanece em meu humilde nível, no nível comum, e mesmo abaixo dele. A primeira homenagem que devemos a seus heróis, a seus mártires, é a de amar esse drama como ele é. Não sei dizer se o enxergo como ele é, mas tentarei mostrá-lo lealmente tal como o vejo. Aqueles que, para emocionar-se, sentem a absoluta necessidade de retratá-lo como uma explosão do sentimento nacional, que num único golpe lançou pelos ares todos os mal-entendidos, os preconceitos, os rancores e os ódios de outrora, correm o risco de ficar decepcionados. Que essa verdade lhes seja desagradável, então! Fazer o quê! A Resistência é, antes de mais nada, um movimento operário, eis o que eu penso. Que grande parte da elite operária – exceto o sindicalismo cristão – tenha sido formada pelas disciplinas comunistas, isso é algo que não poderíamos negar sem injustiça; por que eu o negaria? Que a resistência operária se tenha pouco a pouco agregado em torno desse duro núcleo comunista, isso é culpa de quem? Faz anos incontáveis que a gente da Direita e – tenho vergonha de dizê-lo – a maioria desses católicos a quem chamamos eminentes, provavelmente porque frequentam as Eminências, só falaram aos operários de docilidade, de submissão, de resignação, como se falassem com leigos que servem em conventos e não com homens responsáveis pela vida, pela saúde, pelo bem-estar da esposa e dos filhos. Conheço bem esses imbecis. Drumont e Péguy, meus mestres, também os conheciam muito bem. Eles não têm cabeça nem coração, mas saberão um dia, receio, que em certos momentos privilegiados da História, é a cabeça que paga pelo coração e que rola cesto adentro. Outrora seu farisaísmo inconsciente quase lançou no desespero um povo do qual se consegue tudo, quando a ele se fala de esperança. Ignoro o que será a liquidação desta guerra, mas vi a liquidação da anterior, sei o que é a decomposição quase instantânea de uma guerra malograda, de uma paz malfeita. Nestes dias ignóbeis, o comunismo falou de esperança ao povo operário, o comunismo o salvou do desespero. Que a propaganda soviética tenha sistematicamente agravado o mal-entendido que então dirigia, contra a ideia de pátria, o ódio merecido pelos exploradores e aproveitadores do patriotismo, isso é evidentemente um fato deplorável; mas teria sido mais deplorável ainda que o sindicalismo operário, sem doutrina e sem organizadores, tivesse o destino da elite burguesa, desintegrando-se com ela. Não é a primeira vez, e não será a última, que Deus tira o bem do mal. Foi o marxismo antipatriótico e totalitário que, assim, paradoxalmente, sustentou sem querer a pequena tropa inflexível da qual se pode dizer desde já que constituiu, ao menos durante alguns meses, a mais sólida esperança da Pátria e da Liberdade num país submerso na mentira.

Sim, é uma grande felicidade para a França que a Resistência nacional não se tenha originado nas fileiras exauridas e dispersadas de nossas elites burguesas – entre as quais se encontravam, é claro, franceses impecáveis –, mas em pleno coração do povo operário. Um exército em debandada não poderia fornecer oficiais. Aliás, a mística de Pétain, aquele complexo semirreligioso de sentimento de culpa e de expiação, aquela forma melancólica da Vergonha que se seguiu ao bestial alívio do armistício – *Post coïtum animal triste* –, envenenava então os melhores entre os Direitistas. A Resistência não podia ficar sob suspeita de ser secretamente cúmplice da ignóbil política de ambiguidade com a qual o velho militar decaído, tão visivelmente dotado para o ofício de alcoviteira, regalava, naqueles tempos, a insaciável candura do almirante Leahy, sem lograr, aliás, satisfazê-la plenamente.

Oh! É claro, os homens que opuseram ao inimigo interno e externo uma primeira frente organizada não eram todos irrepreensíveis ante a França. A propaganda dos pequenos demagogos marxistas – da qual Laval é o modelo, pois foi até o fim das transformações da espécie, do estágio da larva ao do inseto – os havia desviado da ideia de Pátria, mais que da Pátria em si, pois a mente deles havia mudado, mas não seu coração. A fé que esses homens recusavam à Pátria havia sido depositada no Partido. Os Tartufos da pretensa Revolução Nacional, que atualmente coletam, com angústia, os argumentos e as desculpas com os quais esperam salvar a cabeça na hora do castigo, sugerem timidamente que seus adversários teriam colaborado com um Stálin vencedor, assim como eles próprios colaboraram com Hitler. Esquecem que, com exceção de alguns loucos como Déat ou Chateaubriant, esses grandes e esses pequenos burgueses, esses almirantes, esses generais, esses diplomatas, esses arcebispos não eram movidos por nenhum outro sentimento exceto a vontade desesperada de preservar a qualquer custo seus interesses, sua carreira ou seus prestígios, que eles se autorizavam a identificar com a ordem, com a Moral, com o bom Deus. No entanto, isso ainda não é o mais grave. A elite burguesa já não acreditava em si mesma. Quando se estudou e se compreendeu o caráter das reações nacionais nos períodos mais difíceis de nossa História, isso basta. É na elite ainda capaz de acreditar em si mesma que recairia – como se poderia ter apostado – a escolha da França...

Poderíamos dizer que nos resignamos com essa escolha. Isso não seria verdadeiro... Quanto a mim, sempre acreditei ser uma felicidade para a Pátria o fato de que, na origem da insurreição nacional que deve dar o sinal à insurreição geral da Europa, exista um sentimento verdadeiramente simples, elementar. É possível – mas de forma alguma provado – que os chefes comunistas tenham outrora recebido instruções de Moscou, mas as tropas não precisavam de ordens. Os homens das células podem ter sido precipitadamente retratados pelos camufladores como marxistas, leninistas, trotskistas: não havia em suas veias uma única gota de sangue alemão, de sangue russo ou de sangue judeu. A disciplina marxista pode, de fato, ter contribuído para curá-los do álcool, do café-concerto, da taberna e do que o próprio Trotsky chamava o velho fundo de anarquia das massas francesas, mas nem por isso eles eram menos filhos da rua parisiense ou lionesa, da rua estrondosa e cantante cujos cabarés enrubescem à noite como o forno do padeiro, quando, ao ruído ainda distante dos esquadrões em marcha, as pedras da rua parecem saltar sozinhas para a barricada. Ao ver a polícia alemã em todos os cruzamentos, não precisaram invocar Santa Joana d'Arc para sentir formigar na ponta de seus dedos o sangue dos insurretos. Ainda bem! Afinal de contas Joana d'Arc não começou sua guerra com criancinhas de coro. Ao ver atrás da polícia alemã a polícia de Pétain, não precisaram se perguntar se o Marechal era ou não o grande cristão enaltecido por cardeais servis; a pergunta, para eles, era desprovida de interesse. Foram para o porão de casa e desenterraram de um canto qualquer as granadas que lá haviam escondido no dia do armistício, e a partir desse momento os "jovens bem-comportados" teriam podido se esgoelar em cânticos para Joana d'Arc ou Péguy. Péguy e Joana d'Arc tinham coisas mais importantes a fazer do que escutá-los. Mas quando a primeira granada revolucionária rebentou no asfalto parisiense, sei perfeitamente o que Joana d'Arc deve ter dito a Péguy: "Péguy! Péguy! Aí estão nossos homens!".

VI. AOS ESTUDANTES BRASILEIROS

(Dezembro de 1944)

... E entre estes rostos, vejo outros, muitos outros, mas eles não estão aqui. Acho que os estou vendo em meu coração, de onde nunca saem. Penso em meus amigos de Belo Horizonte, de Pirapora, de Vassouras, de Barbacena, de todos os lugares que amei com eles, no interior deles. Penso também em meus amigos do Rio, que as circunstâncias ou o estado de saúde retêm em casa, particularmente o poeta de vocês, Murilo Mendes, que acaba de publicar um livro admirável que honra o Brasil, que honra a todos nós. Vocês ficariam muito zangados, por fim, se eu me esquecesse esta noite do meu caro Virgilio de Mello Franco e de Austregésilo de Ataíde, ambos retidos longe daqui – ora! não tão longe assim – pelo... pelo mau tempo. Mas estamos em dezembro, a estação das tempestades, e elas nunca duram muito...

. . . .

... (É preciso) reconhecer que a Igreja – ou, antes, a política da Igreja – só se opôs com indolência a essa reconquista do Estado pelo paganismo. Para falar só da França, quem não vê o caminho percorrido, por exemplo, de São Luís a Luís XIV? No entanto, a França de Luís XIV se assemelhava muito mais à de São Luís que à França de Napoleão. Luís XIV, em Versalhes, jamais teria ousado sequer examinar a hipótese da conscrição. A ideia de incorporar ao exército todo e qualquer francês de dezoito a quarenta e cinco anos só viria, naquela época, à mente de um louco. Mas reflitam, senhores. Napoleão não poderia ser considerado responsável por esse controle decisivo sobre a liberdade do cidadão. Foi a Convenção Nacional que decretou a Conscrição nacional, e vocês estariam completamente equivocados caso se surpreendessem com isso. Danton e Robespierre estão bem posicionados entre Luís XIV e Napoleão, assim como o próprio Napoleão é um prenúncio de Stálin ou Mussolini. Estaríamos redondamente enganados se acreditássemos, como o velho Hugo, que, quando os Reis Católicos exterminaram os heréticos – isto é, em suma, os rebeldes, os detratores da doutrina do Estado, os trotskistas –, sofriam de uma crise de loucura mística de contornos sádicos. Sabiam muito bem o que estavam fazendo. Depois deles, a teoria pagã da Razão de Estado não se modificou muito; já os meios que o Estado possui para impor sua Razão de Estado se desenvolveram enormemente, desenvolvem-se a cada dia, hão de desenvolver-se ainda – se não os quebrarmos –, até que tenham atingido uma engenhosidade, uma potência, uma eficácia de pesadelo.

Alguns dos senhores estão dispostos a ver no Sistema que denuncio um Sistema em evolução e, quando são obrigados a condenar o que ele é, consolam-se tentando imaginar o que ele será. E se nos encontrássemos, contudo, diante de um sistema que já não pode evoluir porque está no fim de suas experiências, um sistema que se esconde na guerra, assim como Freud pretende que os neuropatas se escondem na doença? Será o comunismo de Stálin uma porta aberta ou o beco sem saída em que a sociedade capitalista, depois de esgotar seus subterfúgios, vem se engolfar para aí se proteger da decepção dos homens? Porque, no fim das contas, se o comunismo não dá a liberdade, o que ele dá? Máquinas? Mas o capitalismo americano nos dá tantas máquinas quanto ele, e até mais! Vocês me dirão que ele destrói os trustes. Que importa, visto que ele próprio é o truste dos trustes? Suponhamos – a acreditar no sr. Wallace, vice-presidente dos Estados Unidos – que a América do Norte esteja sob o domínio de uma dúzia de grandes trustes. Suponhamos que o senhor de um desses trustes, um Mac Cormick qualquer ou um Ford, absorva sucessivamente os trustes rivais. Toda a potência econômica do Estado fica então em suas mãos. Suponhamos que ele se aposse, na mesma ocasião, do poderio militar, do controle da imprensa, da educação, de todos os direitos dos cidadãos, aos quais ele fornece, seja na forma de salários elevados, seja noutra forma, os meios de comprar as mecânicas e de servir-se delas. Ele se proclama, além disso, Marechal, e pretende controlar, nessa qualidade, para sua segurança, todos os Estados da América: quem o distinguiria do marechal Stálin?

Quando falo assim, por vezes me respondem: "Você proclama a degradação de um Sistema, mas por qual outro sistema o substituiria?". Senhores, apelo ao seu bom senso. Minha vocação não é, graças a Deus, inventar sistemas. Permito-me raciocinar, eis tudo. E é isso, precisamente, que o Sistema não quer: pessoas que raciocinem. Ele nada teme dos peritos, dos técnicos; desdenha os gráficos e as estatísticas que lhe são contrários, faz com que a eles se oponham outros gráficos e estatísticas. Teme, porém, como a peste, o homem que raciocina, o homem que pretende ir direto ao assunto apenas com sua razão, como David ao encontro de Golias com suas pedras e sua catapulta... Sim, quando me perguntam: "O que você colocaria no lugar deste sistema?", tenho todo o direito de replicar: "Não sou eu nem ninguém que vai substituí-lo, é a Vida, são todas as forças da Vida – das quais este sistema acreditou assenhorear-se por sua técnica – que lançarão pelos ares sua enorme maquinaria. A libertação, a ampliação, a nova descoberta do mundo não se deverá a um sistema nem a um homem, mas à soma crescente das resistências humanas a uma ordem inumana".

Nossa Revolução de 1789 não teve ação real sobre os fatos porque coincidiu precisamente com o estabelecimento desse Sistema, coincidiu com outra Revolução – esta última, de tipo econômico – iniciada vinte anos antes.

. . . .

... sacrificado milhões de vidas, inventado as místicas sanguinárias do Nacionalismo e do Racismo, substituído as fidelidades tradicionais, as fidelidades humanas da família e da pátria pela obediência absoluta, totalitária, pela idolatria do Estado e do Partido. Como vocês se opõem a eles? O que opõem a eles? Não consigo discernir muito bem o que vocês opõem a eles, mas sei muito bem o que eles impõem a vocês. Primeiramente, impõem a cada dia uma imagem absolutamente falsa e trucada da guerra, da guerra deles. Apresentam-na a vocês, continuam a apresentá-la, apesar de todos os sangrentos desmentidos da experiência, como uma luta entre duas concepções da vida, para não dizer – porque eu realmente teria medo de ser ridículo – de dois ideais. Impuseram-lhes da mesma maneira e ainda lhes impõem uma ideia igualmente falsa da Revolução e, antes de mais nada, da nossa. Nossa Revolução de 1789, a Revolução de Rousseau, foi feita pelo homem, contra o Estado: é a Declaração dos Direitos do Homem, inspirada numa admirável previsão das usurpações futuras pela Nação, pela Raça, pelo Partido. A Revolução de 1793, a Revolução burguesa, capitalista e nacionalista de 1793 – que culminaria no Império napoleônico – traiu a Revolução de 1789, assim como a segunda Revolução russa traiu a primeira. Nossa Revolução de 1789 fracassou – e estava destinada ao fracasso –, porque foi tão somente uma explosão magnífica, mas prematura, da esperança dos homens. Teria sido necessário muito mais do que uma explosão de esperança para frear o Estado moderno em sua evolução inexorável para a Ditadura! Na realidade, desde o Renascimento o espírito do cesarismo romano não parou de ganhar tudo o que o espírito de Cristandade perdia. Caros amigos, talvez alguns de vocês não tenham estudado a história apenas nos livros escolares. Que esses não se surpreendam com certos aspectos do mundo moderno. Uma sociedade como a prometida pelo plano Beveridge, por exemplo, faz lembrar de maneira bem impressionante a extraordinária máquina administrativa e política dos Antoninos e dos Severos. O socialismo de Estado é essencialmente uma ideia romana. O Estado como proprietário único, que dá a cada cidadão, em troca do compromisso de obediência absoluta, sua garantia contra o desemprego, a doença, a velhice, é – eu repito – uma ideia muito romana; ela foi muito familiar a todos os imperadores, tanto a Nero como a Marco Aurélio. Todos os ditadores, em todas as épocas da história, invocaram a justiça social; foi sempre em nome da Igualdade que se estrangulou a Liberdade; só pode haver igualdade sob um senhor absoluto.

cartas inéditas

1939-1948

Publicamos aqui quinze cartas de Bernanos a amigos brasileiros, escolhidas entre as que permitem acompanhar sua reação aos acontecimentos: da declaração de guerra em setembro de 1939 ao fim do ano de 1943. Durante seu último ano no Brasil, Bernanos visitava com mais frequência a capital e se correspondia menos assiduamente com os amigos. Acrescentamos uma das últimas cartas escritas por ele, antes que ficasse definitivamente acamado, pois ela expressa seu apego ao Brasil.

CARTA 1

A Virgílio de Mello Franco

Pirapora, 15 de setembro de 1939.

Caro amigo, agradeço-lhe por me haver escrito. Não é nada fácil expressar hoje a horrenda solidão de um homem de minha idade que lutou na última guerra. Escrevo essa palavra – *solidão* – na falta de outra melhor, e para tentar dar um nome a uma espécie de decepção tão forte que realmente nos situa fora do mundo, fora de nós mesmos, cortando tão brutalmente todos os vínculos com um passado tão próximo que nos perguntamos se ele foi real ou simplesmente um sonho.

Jamais duvidei, como você sabe, da vocação de meu país. Ter uma vocação é ser chamado – *vocatus*. De nada serve ser chamado: o que há de grave no assunto é responder, e responder na mesma linguagem daqu'Ele que chama. Os que agora serão mortos não têm de se preocupar em responder de um jeito ou de outro, só precisam fazer o sinal da aceitação. E hoje eu fico fora da zona das operações militares, pertenço àquele mundo do "Fundo", àquela "Traseira" que eu já odiava há 25 anos, aquele mundo cujo papel é tão somente o de justificar os sacrifícios alheios, ou antes o de *justificar-se* pelo sacrifício alheio. Não falarei a linguagem dele.

Já não acredito senão na verdade. Minha verdade não é a de um homem que luta. A verdade de um homem que luta é não abandonar seus colegas. Meus companheiros – no antigo sentido da palavra *companheiro*, que se tornou tão vulgar –, meus parceiros, meus parceiros fraternais, são os que aguentam firme, os que vão morrer, franceses ou ingleses, poloneses ou alemães. Se pudesse falar, falaria apenas em nome deles. Lançar o povo alemão na fossa, como faz o sr. Hitler, em nome de uma pretensa superioridade racial é uma loucura sangrenta. No entanto, quando as democracias dos bancos ou dos negócios precipitam os povos na guerra em nome de um Direito e de uma Justiça nos quais essas Democracias já não acreditam, isso é uma impostura não menos sangrenta, da qual é razoável esperar uma vitória tão vã quanto a outra. As mesmas pessoas que ontem, em nome do Realismo político, teriam troçado de mim quando eu pronunciava essas grandes palavras, agora as agitam como estandartes. Não acredito em absoluto que expresso um paradoxo; acredito que falo a linguagem do bom senso – o bom senso do meu povo – ao dizer que, depois do escândalo da política da pretensa "Não Intervenção", é intolerável ouvir o sr. Chamberlain falar em nome da honra. Meu asco não teria em si importância alguma a meus olhos se eu não soubesse – por experiência – que ele será cedo ou tarde sentido por todos os que lutam neste momento. É assim que se perdem antecipadamente as vitórias, é assim que uma vitória permanece impotente para criar num povo o espírito da vitória.

Não posso escrever essas coisas. De todo modo, não as escreverei. Aqueles aos quais eu as destino estão ocupados em morrer direito, e não os distrairei num momento como este, não me sinto digno disso em absoluto. Você, no entanto, é capaz de ouvi-las. Gostaria que elas fossem familiares a todos os verdadeiros amigos de meu país, a fim de que, nessas amizades lúcidas, ele encontre, quando chegar o dia, a força e a coragem de superar as abjetas tentações do pós-guerra, suas entregas e suas traições. São os Chamberlains que fazem os Hitlers, embora não os justifiquem.

Seu amigo,
G. Bernanos.

P.S. Um dos fatos que mais me parece anunciar claramente os enganos futuros e as decepções que provocam o ceticismo ou a repulsa até mesmo na vitória é a solicitação da Santa Sé a respeito do emprego de gases asfixiantes, os mesmos que permitiram, aliás, a conquista da Etiópia.

CARTA 2

[mesmo destinatário]

Barbacena, 22 de dezembro de 1940.

Muito caro amigo, feliz Natal! Mas será que teremos um Natal este ano? Haverá ainda algum canto do mundo onde o menino Jesus possa nascer? Os cristãos nem parecem se fazer a pergunta, estão satisfeitos demais consigo mesmos. Se essa gente toda fosse transportada de uma só vez para o inferno, junto com seus pastores, nem se daria conta disso: lá organizariam um congresso, recolheriam donativos e negociariam uma concordata com o Diabo.

Os acontecimentos são cada vez mais difíceis de interpretar. Gesticulam e fazem caretas como os macacos. Sua enorme insinceridade realmente alquebra o espírito.

Acredito que Hitler e o povo alemão sejam perfeitamente capazes de levar o mundo à servidão. No entanto, não acredito em absoluto que o espírito anglo-saxão seja capaz de organizar, ou mesmo de conceber claramente sua libertação. Restam-nos os valores espirituais franceses, como um punhado de cinzas na mão. Soprando nele talvez se consiga fazer arder uma brasa ainda quente e, por menor que seja a chama, por que não inflamaria a terra uma vez mais?

Apresente meus afetuosos e sinceros votos à senhora Mello Franco – *Dulcissima* –, e acredite na amizade de

Seu velho amigo,
G. Bernanos.

CARTA 3

A João Gomes Teixeira

Barbacena, 23 de dezembro de 1940. (posta-restante)

Muito caro e fiel amigo, como me envergonho de escrever-lhe tão raramente! Não me acredite, porém, esquecido. Todas as lembranças que guardo de você são de gratidão. E não há lembranças mais doces de guardar.

Ainda tenho esperanças de ir vê-lo, mas estou sobrecarregado de trabalho. Essa é, aliás – graças a Deus –, a única coisa que pesa sobre mim. A espécie de tristeza em que vivo agora se tornou querida, porque é a do meu país, e quanto mais afundo nela mais me aproximo dele. Adentrei a noite francesa, mas sei muito bem que, quando se avança corajosamente até o fim da noite, encontra-se outra aurora.

Ignoro se viverei tempo suficiente para ver tudo *reparado*. Creio, porém, e com toda a minha alma, que antes que eu morra tudo será *vingado*. Essas não são palavras ocas, caro amigo. Não é literatura. Meu país bebeu taças transbordantes de vergonha. Esta lhe foi dada tão bruscamente, e em tão forte dose, que o veneno não pôde produzir seu efeito natural de estimulante: paralisou momentaneamente o coração. A síncope durará mais ou menos tempo, porém a inevitável crise de nervos será apenas retardada. É a revolução que liquidará a vergonha. O que será essa revolução, eu ignoro. É possível que eu mesmo seja vítima dela, junto com muitos outros inocentes, porque participar de uma revolução é como participar de um terremoto. Para mim, aliás, é indiferente. Deus sabe que não sou cruel em absoluto, mas a honra dos homens e dos povos tem suas leis, e nunca houve nada além do sangue para lavar a vergonha. O desastre de ontem foi um imenso escândalo para o mundo. A reparação desse desastre será um escândalo maior ainda. Ao cair, a França abalou a história, e há de abalá-la mais ainda ao se reerguer.

Minha mulher e meus filhos lhe mandam suas melhores lembranças. E acredite em minha afetuosa e muito fiel simpatia.

Seu velho amigo,
G. Bernanos.

CARTA 4

A Raul Fernandes

Barbacena, 20 de fevereiro de 1941.

Meu muito caro amigo, agora que você leu minha carta ao pobre X..., compreende muito bem – compreende até melhor do que eu – por que venci minha preguiça epistolar para escrevê-la. Isso não o impedirá de brincar de me provocar, os discípulos sempre fazem troça de seus mestres, e ao menos nesse ponto sou seu mestre. O que você sabe sobre economia política e financeira, foi comigo que o aprendeu, reconheça! Mas não contarei a ninguém.

Para voltar à carta, você deve tê-la lido com seu famoso sorriso diplomático... Tanto quanto posso me lembrar, ela devia se parecer, pela "unção", com os pequenos sermões que há vinte anos administro à minha criançada. Mas as homilias aos meninos não têm importância alguma, porque eles não ouvem uma única palavra; no fim das contas, é a mim mesmo que as profiro e só a mim que elas comovem, pobre parvo! (No fundo, deve ser sempre assim, o bom Deus nos deixa acreditar, para nos agradar, que convertemos as pessoas, quando na verdade ninguém jamais converteu ninguém. Converte-se a si mesmo quando se tenta converter os outros.)

. . . .

Não fique bravo, são Raul. Entre santos, afinal, é preciso um esforço de compreensão mútua! É verdade que penso incessantemente em vocês dois, e não escrevo. Isso vale mais do que escrever-lhes algumas cartas e só pensar em vocês durante o tempo em que as escrevo! Enfim, o bom Deus não desanima de me amar, façam como Ele! Vocês são tão gentis em fazer de tudo para resolver os problemas da casa dos Bernanos! (A casa dos Bernanos talvez seja em si mesma – ai de nós! – um problema insolúvel...)

. . . .

Entro tremendo, como todo mundo, no terceiro período crítico da guerra. O tom generalizado da imprensa mundial é repugnante, de tão medíocre. Acredito cada vez menos nessa luta das democracias contra as ditaduras, esse é um slogan de escola primária, um "aproximadamente" que se assemelha aos acontecimentos reais como um filme histórico de Hollywood se assemelha à história. As democracias e as ditaduras (para mim são o reverso e o anverso da mesma coisa) vão desmoronar juntas, porque não estão afinadas em absoluto com os valores humanos da vida. Não é a liberdade que renascerá primeiro – estamos longe disso! –, é o espírito de liberdade! E o mundo o encontrará no derradeiro fundo da miséria, pois o espírito de liberdade sempre me pareceu inseparável do espírito de pobreza.

Guy acaba de me anunciar que uma caixa chegou para nós. Jeanne acha que é a máquina de costura e solta gritos de alegria. A máquina de costura a distrairá de seu marido, que é uma máquina de escrever.

Somaram-se hoje quatro galinhas-d'angola à coleção de aves empoleiradas em minha luxuosa escrivaninha. A conversa desses animais é tudo que há de mais favorável ao trabalho intelectual. Você deveria ter um casal desses no Rio.

Diga a santa Lúcia que lhe escreverei – sim! é verdade, verdade verdadeira, tão verdadeira quanto o amor que lhes tenho, a vocês dois, carinhoso e fiel, pois sem a fidelidade e sem a ternura, que importa a amizade! Como este mundo está carente de ternura! Chegará o dia em que ele dará de bom grado todo o seu poder e todo o seu ouro por um pouco de lúcida e meiga piedade!

Seu velho amigo,
G. Bernanos.

CARTA 5

[mesmo destinatário]

1º de abril de 1941.

(isto não é uma brincadeira de primeiro de abril)

Meu caro e fiel amigo, fico muito feliz com as notícias que você me dá sobre a saúde da sra. Fernandes, mas muito preocupado com o que me diz sobre a sua. Vejo que não posso me afastar de você nem sequer um instante sem que você corra o risco de fazer besteiras – e a pior de todas é estar doente.

(É verdade que, na nossa idade, essa é praticamente a única besteira que está de fato ao nosso alcance.)

. . . .

Não são apenas as circunstâncias favoráveis, é também uma espécie de pressentimento que me faz acolher esta segunda primavera da guerra com uma imensa esperança. Ver diante do senhor da Alemanha aquele pequeno príncipe de dezessete anos[1] é, a meu ver, um sinal auspicioso. Eis a honra de volta, em nossas velhas terras da Europa, junto com as primeiras andorinhas.

As pessoas que se dizem sérias estão muito equivocadas quando julgam os acontecimentos atuais como costumam julgar os outros acontecimentos da história. Isso porque a história das ditaduras pertence

---

[1] Provável referência a Pedro II, da Iugoslávia: em março de 1941, quando tinha dezessete anos, foi alçado ao poder por um golpe de altos oficiais militares que depôs o governo regencial. Dois dias antes do golpe, o governo regencial assinara o Protocolo de Viena, firmando a adesão do Reino da Iugoslávia ao Pacto Tripartite e transformando-o, assim, em aliado da Alemanha nazista. (N. T.)

muito mais à ordem do sonho que à da ação. É uma alucinação dos povos, dotados de entranhas e de coração – algo que os economistas, mergulhados em suas estatísticas, haviam esquecido que eles possuíam –, uma alucinação em que entra, aliás, uma grande dose de simulação, como em todos os sonhos despertos. Quem soubesse exatamente qual é a dose de simulação nessa crise de histeria coletiva saberia prever seu fim muito mais exatamente que os peritos políticos ou militares. Não acredito na sinceridade dos povos totalitários, ao passo que acredito na sinceridade do povo inglês, em seu gesto tão natural de defesa. Só isso permite prever, com toda certeza, o desenlace desta pavorosa aventura. A crise de excitação se dissolverá numa brusca crise de depressão, *num rio de lágrimas* e, contrariamente ao que se imagina de costume, ao longo dessa fase derradeira a Alemanha será mais repugnante de observar do que a Itália, eis o que eu penso.

Que Deus o abençoe, caro amigo. Minhas homenagens afetuosas a santa Lúcia.

Seu velho amigo que lhe é tão reconhecido por sua amizade.

G. Bernanos.

CARTA 6

A Virgílio de Mello Franco

Barbacena, 26 de janeiro de 1942.

Meu muito caro amigo,

. . . .

Desde o mês de junho de 1940 não me sentia assim tão angustiado. Os acontecimentos nos revelam um pouco mais a cada dia a mediocridade incurável das Democracias. Elas fingem acreditar no que defendem, mas não acreditam de fato. Ao realismo cínico das Ditaduras elas opõem apenas um oportunismo hipócrita. Decididamente prefiro ver a Moral sendo publicamente estrangulada a vê-la servindo para tudo. Prefiro, para ela, o pelotão de fuzilamento ao bordel.

. . . .

Seu velho amigo,
G. Bernanos.

CARTA 7

[mesmo destinatário]

Barbacena [16 de março de 1942].

Meu caro amigo,

. . . .

Eu certamente lhe teria escrito a respeito de seu artigo de domingo passado, mas pensei que você viria aqui por ocasião do aniversário sobre o qual você me havia falado. Eis-me agora terrivelmente confuso de fazê-lo depois de haver lido seu artigo de ontem; receio não ser capaz de julgá-lo com a necessária imparcialidade... Fazer o quê... Quero simplesmente lhe dizer que você deve continuar a falar ao público de seu país, a falar-lhe cada vez mais franca e firmemente, com aquela espécie de gravidade apaixonada que confere a tudo que você escreve um magnífico acento. Você sabe aquilo que eu tanto lastimo ignorar, sabe o que a opinião brasileira já é capaz de ouvir; portanto, pode se elevar gradualmente ao nível necessário – absolutamente necessário para que seu país desempenhe sua tarefa, isto é, mantenha diante da força material esmagadora da América do Norte, do gigante com cérebro de *baby*, certo número de posições intelectuais e espirituais. Sabe também que jamais acreditei que a defesa dessas posições era assunto exclusivo dos escritores ou, mais geralmente, das elites. Nada de eficaz se realiza sem o povo – o que equivale a dizer que nada se faz sem amor –, e você tem aqui algo muito melhor que elites numerosas e poderosas: um povo capaz de compreender espontaneamente, num arroubo, o que as elites têm tanta dificuldade em lhe definir, como ficou provado por sua atitude diante do desastre francês, sua resistência instintiva à casuística da desonra. É possível que vocês, brasileiros, não avaliem em seu justo valor a importância dessa reação; vocês ignoram a que ponto a Europa se encontra aviltada. As conversas prosaicas sobre o armistício trocadas quase dois anos atrás na Rua do Ouvidor entre simples comerciantes brasileiros teriam podido muito bem passar, entre nós – ai de nós! –, por diálogos cornelianos. Não, caro amigo, esse não é um sinal insignificante.

Por isso é imprescindível que você e o reduzidíssimo número dos que são capazes de fazê-lo continuem a manter essa conversação com seu próprio país. Se fosse possível falar com total liberdade, que coisas grandes e úteis teríamos podido fazer juntos! Não obstante tudo que me garantem, receio *nunca* haver realmente entrado em contato com seu público; sinto-me cada vez mais reduzido a nada em minha solidão e soterrado pela tagarelice dos imbecis. Aliás, isso me parece muito normal, visto que o gênio e a paixão da minha raça consistem em dizer tudo, em recolocar tudo em questão, em levar a lucidez até o dilaceramento, e eu nada posso escrever senão por alusões, não me é nem permitido mostrar a dupla falência de duas concepções da vida igualmente contrárias à tradição que me esforço em servir, o germanismo, em sua trágica caricatura – a prussiana –, e a anglo-saxônica, em sua caricatura ianque. Mas será que meus artigos sequer são lidos? Duvido. E essa dúvida me é insuportável quando penso no proveito material que extraio deles, tão desproporcional ao serviço que presto. Caro amigo, você sabe que, para falar-lhe assim, devo sofrer muito. Já não há um único instante a perder, um único erro a cometer.

Espero vê-lo na semana que vem.

Seu velho amigo,
G. Bernanos.

CARTA 8

[mesmo destinatário]

Barbacena [3 de junho de 1942].

Caro amigo,

Seu telegrama, como sempre acontece com os testemunhos espontâneos de amizade, chegou a mim no momento em que mais precisava dele. Estou um pouco desanimado com certas manifestações "de incompreensão sistemática" – ou até de entusiasmo – a respeito de meu livro. Se não fui compreendido, é culpa minha. Essa ideia me persegue cruelmente durante minhas caminhadas solitárias.

Seus dois últimos artigos são muito bonitos, muito comoventes.

Acabo de ler a conclusão do estudo de Affonso. A primeira parte diz tudo que Álvaro Lins não disse e que é, para mim, o essencial. Isso porque não me considero em absoluto um oponente sistemático. Como diziam, na minha juventude, aqueles cretinos de direita: "*Estamos NA oposição*". Sempre tentei ser um reconciliador. Reconciliar os homens de boa vontade, em detrimento dos imbecis e dos impostores.

. . . .

Meu afetuoso obrigado a Affonso. Da próxima vez voltaremos a falar juntos sobre a América. Não perco, em absoluto, a esperança nos ianques. Acredito de bom grado que, ao final de suas experiências, acabarão por encontrar uma civilização original. Deploro apenas que sua riqueza e seu poder lhes permitam obrigar povos que não se assemelham a eles a segui-los em suas experiências e a correr seus riscos.

Seu de coração,
G. Bernanos.

CARTA 9

A Edgar de Mata Machado

Barbacena [16 de junho de 1942].

Meu caro amigo,

Você é modesto demais e me honra demais quando se diz inapto para falar convenientemente de meus livros. Ao contrário, cada vez que escreve sobre seu velho amigo – e cúmplice –, você transborda de simpatia profunda, isto é, de verdadeira compreensão.

No entanto, quando o acusarem de ser cada dia mais tolo desde que se tornou meu amigo, não fique bravo, *é verdade*. Na democracia de amanhã, cujo advento era saudado outro dia pelos Intelectuais Brasileiros, faremos o papel de idiotas. E isso vai durar muito tempo, talvez dure para sempre, talvez passemos diretamente da humilhação à morte, e da morte ao paraíso. Passei grande parte de minha vida ouvindo as verdades que me esforço em servir sendo ridicularizadas e blasfemadas. Começo a compreender que isso não era nada. A pior provação, a provação que espero, é a de ver retornarem contra nós essas mesmas verdades, deformadas e traídas. Faz dois mil anos que as gerações de cristãos, umas após as outras, não fazem outra coisa senão reviver a Paixão do Senhor, mas a nossa entra no mais íntimo e mais profundo segredo dessa agonia – a Solidão total, o total abandono. Receio que não nos deem nem a honra de nos matar.

Enfim, isso não é razão para se entristecer além da conta.

Seu velho amigo,
G. Bernanos.

CARTA 10

A Raul Fernandes

Barbacena [1942].

Meu muito caro amigo,

. . . .

É bem verdade que Darlan engana as democracias, mas por quem elas não se deixaram ludibriar nos últimos dez anos? Acredito, aliás, que encontraríamos nessa cegueira crônica razões menos honrosas que um defeito de psicologia ou de discernimento. As democracias não podem renunciar de fato à esperança de descobrir uma combinação mais ou menos honesta que dispensaria os sacrifícios necessários e contam, nesse intuito, servir-se dos corrompidos. Infelizmente, nesse quesito Hitler é o mestre dos mestres, e todas as consciências à venda lhe pertencem há muito tempo. Já não há salvação para as democracias senão na verdade, no desinteresse, na generosidade, na honra. Romper com o espírito de Munique ou perecer. É duro...

Eu também fico um pouco desanimado, por vezes. O que mais me atormenta é trabalhar sem nada saber e sem poder prever coisa alguma dos resultados de meu trabalho. Compreendo agora como eu era sensível, em meu país, aos mínimos movimentos da opinião: era uma espécie de sexto sentido. Como eu sabia, nessa época, escolher bem as perguntas, aquelas aos quais o homem da rua responde espontaneamente, sem desconfiança! E as conclusões que eu tirava de tão magras informações podiam muito bem parecer presunçosas, mas eram quase sempre acertadas. Ao passo que aqui não disponho de controle algum.

Tenho com tanta frequência a impressão de errar o alvo, de intrigar ou interessar as inteligências, sem jamais tocar as consciências – comover, em suma. Seja o que Deus quiser!

Afeto
G. Bernanos.

CARTA 11

A Virgilio de Mello Franco

Cruz das Almas [28 de dezembro de 1942].

Caro amigo fiel,

... Desejo-lhe a única felicidade que considero digna de você, isto é, a de cumprir seu destino, assumir toda a parte de vida que você é capaz de carregar. Apresente à sua encantadora esposa – essa palavra, *encantadora*, lhe convém tão bem que deixa de ser banal tão logo nos permitimos escrevê-la em sua intenção – minhas respeitosas e afetuosas saudações. Minhas lembranças a todos os seus – inclusive Affonso!...

Vejo neste fim de ano o espírito do isolacionismo americano – isto é, da mais baixa espécie de realismo, um realismo reles – estabelecer-se em posições políticas que ele ingenuamente acredita sólidas. No entanto, é tão perigoso cuidar dos assuntos da Europa quanto colocar a mão no antro de um gato selvagem. A Europa das catedrais é um osso demasiado duro de roer para o sr. Hoover. A Europa fará sua revolução, e esta será coisa bem diferente da Guerra de Secessão! A unidade da Europa, que escapou a Luis XIV, que escapou a Bonaparte, nascerá do desespero de seus povos, e a princípio não será reconhecida, pois irromperá como um raio. A ordem verdadeira, a ordem substancial, a ordem da vida é tão irreconhecível à primeira vista quanto o diamante em sua ganga. Vão tomá-la por Desordem e tratarão, naturalmente, de esmagá-la a tiros de canhão. Que importa! Acredito, por mais inacreditável que pareça, que os recursos espirituais da Europa estão intactos. Cedo ou tarde eles vencerão a tudo.

Seu velho amigo,
(tonitruante e profético)

(À Manhã!...)
G. Bernanos.

CARTA 12

À senhora Raul Fernandes

Cruz das Almas [28 de dezembro de 1942].

Cara e perfeita amiga,

Estou quase envergonhado de lhe apresentar meus votos de feliz Ano-Novo, como se devesse esperar esta ocasião para escrever-lhe, quando, na verdade, tenho várias vezes por dia a intenção de fazê-lo a propósito de tudo e de qualquer coisa. A senhora é realmente, de fato, a única amiga que tenho neste continente, capaz de receber sem aborrecimento e até com terna compaixão os pobres segredos de uma vida em que a dor entra com frequência, mas sem se dar ao trabalho de colocar suas roupas de domingo. Já não sei que mulher imbecil do mundo se vangloriava diante do padre de Ravignan de só haver cometido pecados distintos. Minhas penas – ai de mim! – não são mais "distintas" que meus pecados. Se o bom Deus me deu por vezes alegrias um pouco acima da média das alegrias, concedeu-me também a graça de sofrer como qualquer imbecil. Vejo-me alquebrado sob o peso dessas pequenas misérias como um velho jumento sob um saco de batatas grande demais para ele. Não são algumas batatas a mais ou a menos que tornarão o jumento menos velho, ou o saco menos pesado.

. . . .

Seu velho amigo,
G. Bernanos.

CARTA 13

A Austregésilo de Ataíde

[Barbacena] 1º de janeiro [1943].

Caro e fiel amigo,

Envio-lhe bem tarde meus cumprimentos de Ano-Novo, mas os costumes franceses, sempre indulgentes, fizeram do mês de janeiro inteiro a época dos votos e dos desejos.

Será necessário, será até mesmo exato dizer que penso mais particularmente em você nesta época do ano? Reflita um momento e trate de contar nos dedos os nomes daqueles cuja lembrança me vem à mente tão logo sinto um pouco dolorosamente demais a solidão do exílio. Você compreenderá de imediato que esses nomes não são muito numerosos, e que o seu está entre eles.

Aliás, não creia, caro amigo, que me queixo da solidão! Exílio é exílio, nunca desejei que o meu fosse uma fraude, um exílio dourado. Cada dia que passa me traz uma nova certeza das provações que esperam a França. O pior perigo que poderia ameaçar um país como o meu é o de já não ser compreendido. E as provas dessa incompreensão crescente, universal, já se acumulam, grandes e pequenas. Minha modesta solidão é, portanto, também a de meu povo.

Permita que eu me reúna a vocês dois, a você e a Maria José, no mesmo pensamento de coração e, posso dizê-lo, também na mesma oração.

Seu velho amigo,
G. Bernanos.

CARTA 14

A Charles Maurice

Cruz das Almas, Barbacena [fim de abril de 1943].

Caro Senhor,

Agradeço-lhe profunda e afetuosamente: sua carta é daquelas que, ao longo de toda a minha vida, me trouxeram o pão cotidiano, isto é, aquela dose indispensável de confiança e esperança da qual não resta sequer uma migalha ao fim do dia, e que é misteriosamente reencontrada a cada manhã.

Aliás, há muito tempo acredito que um verdadeiro escritor é apenas o intendente e o dispensador dos bens que não lhe pertencem, que ele recebe de certas consciências para transmitir a outras, e se ele falta com esse dever é menos que um cão.

(Isso, a meu ver, é apenas um aspecto daquela cooperação universal das almas que a teologia católica denomina a Comunhão dos Santos. Que essa palavra, *Santo*, não o atemorize, caso o senhor não seja cristão!... Ela é aqui tomada no sentido evangélico. É sinônimo de homens de boa vontade.)

Creia-me, penso no senhor, mesmo sem conhecê-lo, como num antigo e fiel amigo.

G. Bernanos.

CARTA 15

À senhora Raul Fernandes

Cruz das Almas [9 de setembro de 1943].

Cara santa Lúcia, não reprove meu silêncio, creio merecer sua indulgência, mas que posso lhe dizer? Mesmo a uma amiga como a senhora, não espero fazer compreender o que até eu compreendo tão mal. Aliás, é tão fácil para um escritor dar a impressão de estar fazendo teatro, nem que seja para si próprio! Mas a senhora sabe muito bem que não sou um poeta surrealista, e sim um homem bem pouco complicado, incapaz de fazer pose diante do espelho sem fatalmente debochar de si mesmo e cair na gargalhada. Bem, por outro lado, para explicar meu silêncio não precisarei de outra desculpa além de minha doentia e insuperável negligência. No entanto, visto que me decido a escrever-lhe, seria incapaz de esconder-lhes a verdade, pois vocês, a senhora e Raul, são realmente os únicos a quem sinto vontade de dizê--la e que poderão encontrar nela algum interesse... Pois bem, é verdade que faz seis meses, ou dez meses, já não sei dizer, que não paro de sentir uma necessidade irresistível, indizível, de silêncio e solidão, a tal ponto que, se não tivesse sido retido aqui por um dever evidente, indiscutível, teria partido para não sei onde, o mais longe possível. Que eu tenha vivido tanto tempo nesse estado de crise interior sem despertar a atenção nem a preocupação de ninguém, eis algo que agora me espanta um pouco, quando penso no assunto.

Talvez a senhora me diga – como dizem meus colegas imbecis – que estou "amadurecendo" um novo livro. Absolutamente! Ou, se ele estiver "amadurecendo", nada me revela esse estado de gravidez e, portanto, vou carregá-lo durante dez anos, como os elefantes... Quando tento enxergar no fundo de mim, só encontro aí uma espécie de pressentimento vago, difuso, mas absorvente, de temíveis provações para meu país, para minha crença, com a qual estarei envolvido a fundo, até o desfecho, até o fim, até a morte.

É isso! Agora, cara santa Lúcia, a senhora pode caçoar de mim, estou certo de que o fará tão gentilmente que terei vontade de rir também. Aliás, se tudo isso for uma advertência, aceito-a de coração, acho naturalmente muito mais honroso para mim, e mais lógico, acabar no cadafalso do que na Academia.

. . . .

Pensem em mim, vocês dois, com a ternura de sempre. Sejam indulgentes com seu velho amigo.

G. Bernanos.

CARTA 16

A Austregésilo de Ataíde

Oásis de Gabes, Tunísia [1º de março de 1948].

Meu muito caro Austregésilo,

. . . .

Penso em você com frequência, tenho tanta vontade de revê-lo e lamento tanto tê-lo visto tão pouco quando podia! Ai de mim! Sempre passei por alguém que negligencia um pouco os amigos, e ninguém sabe, ou só fica sabendo tarde demais, de meu receio quase doentio de ser inconveniente. Nunca vou visitá-los sem reticências, exceto quando um convite me liberta de todos os escrúpulos. De que adianta voltar a esse assunto? As ocasiões perdidas estão perdidas.

Pelo cabeçalho de minha carta você vê que não perdi o gosto da solidão. Há mais de um ano sinto-me cada vez mais atraído por esses imensos territórios militares do Sul. É o lugar do mundo em que posso reencontrar melhor algo da ordem, da grandeza e da profunda humanidade de meu país. Quanto à França, ela é inabitável para mim. É de sufocar. O regime da liberação – quero dizer, o regime nascido dela – se encontra atualmente em plena decomposição.

O Mito Democracia-contra-Totalitarismo está há muito tempo fora de uso. Esta civilização (ou, ao menos, o que se chama por esse nome, porque ela é a absorção, pela técnica, de toda Civilização humana e, a bem dizer, uma "Contracivilização") só pode se "totalizar" cada vez mais. Suponha que a dianteira assumida pelos Estados Unidos fosse alcançada pela URSS, e que ambos agora partissem juntos, em condições de igualdade. Tecnicamente falando, a ordem totalitária teria um rendimento material e uma eficiência bem superior. Estaria fora de cogitação, num mundo materialista, sacrificar o rendimento da Maquinaria pela honra e pela segurança dos homens, pois o valor do Material mecânico não para de crescer, ao passo que o do material humano se deprecia.

Caro amigo, vejo melhor o que você é e o que perdi quando comparo homens como você a esses imbecis sem talento e sem temperamento que formigam na imprensa francesa atual! Deus proteja o Brasil! Deus permita também que eu o reveja! A Aliança Francesa me faz incessantemente a proposta de enviar-me para lá, mas como eu teria coragem de voltar? E, se ficasse por lá, o que eu faria no Brasil com esse pobre franco desvalorizado? Seja o que Deus quiser.

Apresente minhas homenagens a sua cara e adorável esposa, minha boa lembrança e minhas saudações a Chateaubriand, e trate de me escrever quando puder.

Ah! Sim, Deus queira que eu o reveja!

Abraço meu,
G. Bernanos.

Você pode me responder para cá. Talvez eu vá para o Sul marroquino, mas a correspondência me será remetida.

notas e variantes

A França contra os Robôs

1. Os manuscritos

Possuímos de *A França Contra os Robôs* apenas manuscritos fragmentários.

- Uma *primeira redação* nos foi conservada, em parte datilografada, em parte manuscrita. Bernanos a havia entregue a seu amigo Prassinos. Reproduzimos as variantes do texto que correspondem às páginas 19 a 34 da presente edição; e publicamos na íntegra o texto que, a partir da página 34, foi substituído pela versão definitiva.
- Encontramos, em seis cadernos mantidos por Bernanos, os *rascunhos* das páginas 35 a 63, isto é, dos capítulos III a V; a redação destinada à edição difere totalmente da que figura no manuscrito Prassinos. Essas páginas foram radicalmente refeitas quando Bernanos as passou a limpo, numa cópia hoje perdida. Não é possível reproduzir aqui em detalhes as inúmeras variantes presentes nos rascunhos. Contentar-nos-emos, portanto, de assinalar adiante as poucas notas nas margens dos cadernos de trabalho, pois têm seu interesse.
- Subsiste também, para as páginas 91 a 94 (início do capítulo VII) um *rascunho* num pequeno caderno de capa dura.
- Uma *cópia*, em folhas soltas de caderno, registra tal como foi reproduzido no volume o texto completo do capítulo VII e o início do capítulo VIII (até a página 104: "isso se vê – ai de nós! – todos os dias"). Não temos manuscrito algum das páginas finais.
- Por fim, existe um *rascunho* bastante legível das três primeiras páginas do prefácio dirigido a Auguste Rendu: três folhas soltas, cujas variantes registramos aqui.

2. Notas
à margem dos rascunhos

página 38   Tudo isso é longo.

Sim, imagina-se muito bem, mas explicar...

Vocês querem uma fórmula, e eu quero fazê-los sonhar.

Vi em 1918 que estava tudo perdido.

Voltar ao passado.

página 40   No fundo, quem os incomoda? Há coisas que não se fazem.

Predição do Estado totalitário.

Far-se-á a guerra por todos os meios.

AS PÁTRIAS SERÃO ODIADAS.

página 53   Eu olhava para eles, fui embora... Compreendi...

página 56   Conscrição. Comparação h(omens) de 89.

Privilégios.

O que é a França?

A França não lhes havia confiado nada. Eles só tinham a cédula de voto. No dia em que esta lhes foi tirada, nada lhes restou.

(Insistir)

3. Variantes do rascunho do prefácio

página 11, linha 7   *Nós já somos velhos amigos*, Rendu, e ...

página 11, linha 9   ... volumes *já publicados* do *Chemin*...

página 11, linha 12   Quando dois operários *conscienciosos* trabalham...

página 11, linha 15   ... a do vizinho será *benfeita*. Pois bem, *essa é precisamente a homenagem que me é permitido render-lhe, pois acredito saber, eu também,* o que é...

página 11, linha 17   E sua *admirável* cara mulher

página 11, linha 20   *Não se teriam zangado* se você houvesse dado *à França* uma mercadoria barata, *espalhafatosa*, "de segunda"; *não lhe perdoam de lhe ter* fornecido, *nos últimos anos*, o que a boa gente...

página 12, linha 1   ... ferramentas de verdade – *não ferramentas de brincadeira, brinquedinhos* –, mas *boas* e leais ferramentas, *firmes na mão*, e *que têm o peso* que devem ter.

página 12, linha 3   ... por *aquela* espécie de anemia moral *conhecida e classificada atualmente sob* o nome de *pétainismo*, aquela...

página 12, linha 4   ... consciências pálidas – *aproxima-se*...

página 12, linha 6   ... deixa cair *de propósito*...

página 12, linha 7   ... o pobre diabo *fica descontente. Deus do céu, fazer o quê? Azar. Azar dos anêmicos!* Azar dos desbotados! *Pensaremos neles* mais tarde, *dar-lhes-emos fortificantes. Pois o que importará então não será lamentar por eles nem reconciliá--los, mas curá-los. Afinal, senhores, não acham que a França já fez muito por esses doentes? A França esteve em Munique no intuito de poupar a todo custo sua frágil saúdezinha. Teria podido muito bem, aliás, prescindir dessa viagem. Com efeito, dois anos depois de Munique os desbotados estavam mais desbotados do que nunca, sustentavam-se cada vez menos nas próprias pernas, a tal ponto que tiveram de se pôr a andar — atrevo-me a dizer — atrás de um marechal centenário, e mesmo assim foi por pouco que não ficaram para trás. Você se lembra, Rendu, daquela frase de outrora: os últimos estão ficando pra trás, avise-os... Ora essa! Que se danem os últimos! Que se danem os molengas! Nenhum dos amigos que me ouve jamais duvidou de que a França retomaria brevemente seu lugar à frente do mundo civilizado — ou, ao menos, do que resta dele. Ainda há, no entanto, um trecho a percorrer, e ao se preparar para uma longa estrada, evita-se o estorvo dos molengões. É só na parada que se tem o direito de realizar a reconciliação geral, isto é, o ajuntamento de todos...*

FIM DO MANUSCRITO

4. Variantes
da primeira versão

(*manuscrito Prassinos*)

Capítulo I
página 19, linha 1   Se o mundo de amanhã se assemelhar ao mundo de ontem, *como é permitido prever, à medida que a casuística das propagandas e a eloquência dos ministros, fatigadas pelo uso, já não logram desviar a atenção das rivalidades políticas, econômicas e nacionais que, reprimidas durante a guerra, vão se enfrentar ferozmente na paz* – a atitude da França *para com o mundo de amanhã* será revolucionária. *Ela não poderia, portanto, esperar receber, nesse mundo, um tratamento preferencial, mas tampouco grandes injustiças, pois os rivais, obrigados a tratá-la com cuidado por mais algum tempo, buscarão constituir clientelas, oporão os Mihailovitchs aos Titos... Essa política de expectativa foi constantemente a dos regimes conservadores diante das Revoluções nascentes. Eles sempre esperam calcular previamente, graças à observação dos sinais precursores, a gravidade provável da explosão. A observação, aliás, será desta vez impossível, em razão da presença do inimigo em nosso território.* As forças revolucionárias *acumular-se-ão dentro dele como gases no cilindro, sob uma*

	pressão considerável. Seu escape, no momento da deflagração, será enorme.
página 20, linha 23	... ou em Londres. *Não apenas vemos...*
página 20, linha 25	... de mãos dadas, *mas esses regimes, em aparência inconciliáveis, pretendem defender a mesma causa,* perseguir o mesmo objetivo. *Talvez eles não defendam a mesma causa; mas certamente se propõem o mesmo objetivo: manter...*
página 20, linha 31	Em suma, os regimes *opostos outrora* pela ideologia...
página 21, linha 9	... palavras já *praticamente vazias de toda* substância...
página 21, linha 25	O *mundo* o definiu...
página 21, linha 29	Cravado *em si mesmo...*
página 23, linha 2	... *às ditaduras.* Mas o determinismo...
página 23, linha 9	... uma guerra a cada *vinte e cinco* anos.
página 23, linha 18	... e *em outros lugares* – França, Inglaterra, Estados Unidos –, *em toda parte.*
página 23, linha 24	... da guerra da Etiópia, ou *aquele*, mais abjeto ainda...
página 23, linha 29	Para dominá-*la*, não foi *primeiro* em meu país que pensei...

Capítulo II
página 25

Na semana passada, todos puderam ler nos jornais a resposta decepcionante dada ao general De Gaulle pelo Departamento Norte-Americano de Estado. Compreendo perfeitamente as ilusões que o inspiraram. Pode-se desculpar o Governo americano por acreditar que, temporizando, acabará por restabelecer cedo ou tarde o contato com as "Elites" de antes da guerra, comprometidas pela

colaboração, humilhadas e arrependidas, prontas para obter - custe o que custar e mesmo em detrimento de seu país - o direito de contrapor o prestígio dos vencedores à raiva justa do povo traído. Se eu fosse suficientemente presunçoso para esperar ser ouvido pelo governo americano, eu lhe diria que seu cálculo, engenhoso em aparência, é falso, por duas razões. A primeira é que uma elite, comprometida entre nós pelo estrangeiro, é uma elite irremediavelmente perdida. A antiga nobreza francesa, rural e militar, muito menos rica então que a Burguesia e, em sua maior parte, irrepreensível – não obstante os imbecis que a confundem com aquele punhado de antigos senhores feudais transformados em parasitas que Luís XIV, instruído pela Fronda, mantinha em Versalhes, a fim de neutralizá-los –, merecia muito mais, decerto, o nome de elite que os notáveis de antes da guerra. A política de colaboração não lhe foi, a ela tampouco, menos fatal: os franceses jamais lhe perdoaram sua viagem a Coblentz e seu retorno, em 1815, com os vencedores de Waterloo. Como se poderia esperar que nossa elite atual, comprometida pelo estrangeiro, se reabilitasse graças a ele?
O cálculo engenhoso de Washington é falso por uma segunda razão. Mesmo supondo que a América realista seja capaz de reunir amanhã, em torno de um Pétain sobressalente qualquer, nossas elites dispersas, claro está que ela não colocaria seu prestígio à disposição delas gratuitamente. Mas se nossas elites – por impossível que pareça – tivessem meios de pagar pelo serviço, cometeriam

um erro crasso ao fazer essa despesa, pois o prestígio da Democracia americana corre o risco de ser, por mais alguns anos – justa ou injustamente, que importa! –, em meu país endurecido e purificado pela Resistência, um cheque sem fundo.

Essas verdades, repito, são desagradáveis. Nem por isso deixam de ser preciosas, e o são ainda mais para os americanos que para nós, visto que são capazes de poupá-los de graves decepções, de erros talvez irreparáveis. A América encontrar-se-á amanhã no limiar da provação mais perigosa de sua curta história, e daria provas de loucura se, depois de renunciar ao isolacionismo político, praticasse o isolacionismo moral, isto é, se visse a França e a Europa não como são, mas como gostaria que fossem. Ainda que nosso país seja fiel ao vocabulário das democracias, a América estaria absolutamente equivocada, por exemplo, se acreditasse que as palavras têm a mesma significação de um lado e de outro do Atlântico. Embora a França se mantenha fiel à coisa, está decidida a dar ao nome um sentido francês, e é ao povo da Resistência que caberá essa tarefa. Nosso povo tem o direito de se dizer quite com as Democracias. De 1914 a 1918, sacrificou-lhes dois milhões de mortos e três quartos da fortuna nacional. Em 1939, elas lhe pediram o sacrifício total. *Ele não o recusou, recusaram-no por ele. É diante desse povo que os traidores e os covardes deverão responder por seu crime, e não diante do tribunal das Democracias que, aliás, os absolveria, a julgar pelas atenções prodigalizadas*

	por Washington a Pétain, em todas as ocasiões. Digo que as Democracias...
página 25, linha 1	Nosso povo tem o direito de se dizer *moralmente* quite...
página 26, linha 3	... expressar meu pensamento por *uma imagem um pouco* retórica...
página 27, linha 17	Mais que qualquer outro, nosso povo a encarnou, tornou-a carne e sangue. *Caso pergunte a um homem culto da Europa ou da América que imagens históricas essa palavra evoca em seu espírito, você não ficará de forma alguma surpreso se ele lhe falar do dia Catorze de Julho, de Valmy* ou da *Marselhesa. Quando um brasileiro lê em seu jornal algum discurso eleitoral transmitido de Washington por cabo, que trata do povo, da opinião do povo, da vontade do povo, pode-se apostar com certeza quase absoluta que, em sua imaginação, ele vê o povo das barricadas. Ao passo que o operário do* faubourg Saint-Antoine, *imortalizado pelo gênio de Victor Hugo – o velho trabalhador idealista e grisalho, com seu olhar de menino e de apóstolo, mil vezes mais cristão, sem o saber, que os devotos que se benziam quando ele passava,* o sonhador...
página 28, linha 7	... *guarda nacional burguês que para ele apontava...*
página 28, linha 12	... *dignos de um personagem, que infelizmente já se tornou lendário,* mas...
página 28, linha 18	... indiferentemente a um ou a *outro. Aquele* que, desde já...
página 28, linha 25	... na dos outros *como na sua. Ama teu próximo como a ti mesmo. De fato, podemos* servir à

liberdade por interesse, como uma simples garantia da *nossa*. Nesse caso, quando tal garantia não *nos* parecesse necessária, quem *nos* impediria de fazer pouco da liberdade do vizinho ou mesmo de servir-*nos* dela como de um objeto de troca e de composição? *Essa foi a política de Munique.* É ainda...

página 29, linha 13 ... assegurado a ordem, *sob seu controle*, no restante do planeta.

página 29, linha 20 Pode-se dizer, desse ponto de vista, que *o famoso plano Beveridge é* tão complicado...

página 29, linha 25 O erro clássico do povo inglês foi sempre o de acreditar que as instituições *lhe deram a liberdade*, ao passo que...

página 30, linha 2 Qualquer um que observe os acontecimentos *desde o desembarque dos americanos* compreende muito bem...

página 30, linha 10 Quem defende a *liberdade apenas* para si mesmo, *para seu conforto*, já está disposto a...

página 31, linha 20 ... por não *saber como* usá-la...
(Texto impresso: "... por não ter *perdido* o hábito de usá-la...". Gralha que corrigimos: "... por não ter *mantido*...".)

página 33, linha 9 ... isso são insignificâncias. *Mas o homem de meu país...*

(A partir deste ponto, os dois textos são absolutamente divergentes. Registramos à parte a versão do manuscrito, páginas 133-48.)

Conferências e entrevistas no Brasil

1. RESPOSTA A UMA PESQUISA

Escrito para a revista brasileira *Vamos Leer*[1] e remetido à redação em 15 de janeiro de 1942, esse texto só foi publicado em francês na edição do Rio do *Chemin de la Croix-des-Âmes*, tomo II, p. 104 ss. Bernanos não o retomou na edição francesa, mas inseriu algumas linhas dele em sua conferência na Sorbonne (*A Liberdade, Para Quê?*).

2. ENTREVISTA AO *DIÁRIO* DE BELO HORIZONTE

Bernanos havia conservado as treze páginas manuscritas desta entrevista, na qual tanto as perguntas quanto as respostas são de sua autoria. Ela apareceu em português no *Diário* de Belo Horizonte (estado de Minas Gerais) em junho de 1944. O texto francês é inédito.

3. 14 DE JULHO DE 1944

Bernanos havia conservado em seus papéis o manuscrito (quatorze páginas arrancadas de um caderno, escritas em cursiva, com inúmeras emendas) da palestra informal dada por ele no dia 14 de julho de 1944 no Centro de Cultura de Juiz de Fora, instituição na qual uma sala recebia, naquela data, o nome de *Sala Georges Bernanos*. Na véspera, 13 de

---

[1] A revista se chamava, na verdade, *Vamos Lêr!*. (N.T.)

julho, ele escreveu a seu amigo, sr. Claude Brut, em Barbacena, para tomar-lhe emprestado um exemplar de *Châtiments* [Castigos] – exemplar este que, em setembro de 1954, vi de novo sobre uma mesa de Cruz das Almas –, do qual pretendia ler alguns trechos depois da palestra. Constatamos uma única variante do manuscrito. Assinalamos, no entanto, que as últimas linhas (depois de: *formado para a liberdade*, desde: *porque não a recebeu*), foram rabiscadas depois, acima da assinatura.

página 135, linha 9   Variante riscada no manuscrito:

> ... uma jovem francesa *daquela província bordelense na qual, ao longo das eras, se enfrentaram e finalmente se mesclaram o gênio latino e o gênio anglo-saxônico, uma jovem compatriota do nosso Montaigne.*

4. A FRANÇA NO MUNDO DE AMANHÃ

Onze páginas datilografadas, assinadas, datadas de novembro de 1944 e intituladas, em português, *A França no Mundo de Amanhã*. Manuscrito parcial de 28 páginas de bloco pequeno, numeradas de 13 a 40, que registram o texto a partir de "Sou às vezes censurado..." até o fim. A datilografia traz no cabeçalho, com caligrafia alheia: *Para Tristão de Athayde*.

página 147, linha 21   Passagem riscada no manuscrito:

> ... esse ruído monótono. *As mesmas observações poderiam ser feitas, mais corretamente, a propósito de outros vãos simulacros de energia, mais grosseiros ainda, na prática do esporte, por exemplo. Mas prefiro falar aqui àqueles que se convencionou chamar os intelectuais, entre os quais sou obrigado a me classificar, embora sem prazer.* Quando se pensa...

página 150, linha 3   Novo parágrafo no manuscrito, riscado e substituído pela palavra *fim*:
Não se trata aqui de uma atitude quixotesca. Um grande povo não deve se dar ao trabalho de durar miseravelmente se quiser preservar uma chance de reviver – pois a história nos fornece o exemplo de certas ressurreições. De que adianta esforçarmo-nos por nos adaptar se não pudermos nos adaptar sem renegar a nós mesmos? Oh! Eu teria tanto a dizer sobre isso! A questão é saber se a França pode sobreviver.

5. A REVOLUÇÃO DA LIBERDADE

Primeira versão de *A França Contra os Robôs*. Texto do manuscrito conservado por M. Prassinos que, a partir daqui, diverge da versão escolhida para o volume. Ver anteriormente (4) as variantes das páginas que precedem no manuscrito e que são retomadas em *A França Contra os Robôs*. O presente texto se articula com a página 19 da nossa edição.

6. AOS ESTUDANTES BRASILEIROS

No dia 26 de dezembro de 1944, Bernanos deu uma conferência aos estudantes do Rio, e a esse respeito seu amigo Pedro Octavio Carneiro da Cunha anotou num diário inédito: "A conferência foi um fracasso – estudantes! Bernanos ficou indignado, e com razão: passara quinze dias preparando seu texto, reformulando-o com amor, pensando em seus ouvintes, imaginando seus olhares vivos, seu entusiasmo, o interesse de espíritos juvenis. E no fim apareceram uns vinte gatos-pingados, que ainda por cima saíram pouco a pouco, deixando o conferencista diante do resto de um público espaçado e sem nada em comum com aquele ao qual Bernanos pensava se dirigir. Os tais estudantes nem sequer haviam feito uma publicidade digna da grande honra que lhes era concedida".

Do manuscrito recuperamos apenas as poucas páginas que reproduzimos: um fragmento do prólogo, numa folha grande com cabeçalho da União Nacional dos Estudantes, quatro páginas de caderno escolar e as quatro folhas grandes subsequentes.

Após o fim de nosso texto, e separado dele por um grande branco, lê-se ainda este início de um parágrafo interrompido, com uma flecha que indica que a sequência seria lida num caderno, não encontrado:

> *Sim, senhores, desde o século XVI a Romanidade não parou de tirar e acentuar a desforra contra a Cristandade. Cristo promete tornar-nos livres por sua graça, e César pretende tornar-nos iguais sob sua lei. É doloroso, porém necessário para um cristão que não quer mentir...*

A alusão aos amigos ausentes, que não estão "muito longe" nem serão retidos muito tempo pela tempestade fica clara quando descobrimos que Virgílio de Mello Franco e Austregésilo de Ataíde haviam acabado de ser encarcerados por Vargas. Ambos se incluíam entre os melhores amigos de Bernanos. Murilo Mendes, poeta nascido em 1902, em Juiz de Fora, havia publicado em 1944 *As Metamorfoses* e *O Discípulo de Emaus*.

Cartas Inéditas

CARTA 1

Virgílio de Mello Franco. Político brasileiro, assassinado no fim de 1948. Um dos chefes da oposição à ditadura Vargas. Pertencia a uma grande família de fazendeiros de Minas. Bernanos deveu a ele o mais constante apoio amistoso e, em particular, suas sucessivas instalações em Pirapora e Barbacena. A ele havia confiado o manuscrito de *Les Enfants Humiliés* [As Crianças Humilhadas], do qual se encontram, aqui e ali, nestas cartas, alguns esboços.

CARTA 3

João Gomes Teixeira. Adido do Ministério de Minas Gerais, João Teixeira foi para Bernanos, na capital desse estado – Belo Horizonte –, um amigo dedicado.

CARTA 4

Raul Fernandes. Atualmente[1] ministro das Relações Exteriores – posto que ele já havia ocupado durante a presidência de Dutra, de 1945 a 1950 –, Raul Fernandes foi representante de seu país na Sociedade das Nações, em Genebra, e depois na ONU. Bernanos o conheceu em Vassouras, sua cidade natal, e uma profunda afeição reuniu

---

[1] Raul Fernandes faleceu em 1967. (N. E.)

durante anos esses dois homens tão diferentes: o cético político fora capaz de reconhecer o gênio profético do romancista. A senhora Fernandes – de origem romena – e o marido foram para Bernanos amigos dos bons e dos maus dias. Estão entre aqueles que, no Brasil, zelam fielmente por sua memória.

Guy. Guy Hattu, sobrinho de Bernanos que o havia acompanhado ao Brasil e depois viria a se engajar nas Forças Francesas Livres.

Carta 8

Meu livro. Lettre aux Anglais [Carta aos Ingleses] acabava de ser publicado no Rio.

Affonso. Affonso Arinos de Mello Franco, irmão de Virgílio, atualmente[2] líder do partido liberal (UDN). Historiador, jurista, crítico literário, havia dedicado um artigo a *Lettre aux Anglais*.

Álvaro Lins. Crítico literário brasileiro.

Carta 9

Edgar da Mata-Machado. Escritor e jornalista de Belo Horizonte, traduziu *Diário de um Pároco de Aldeia*.

Carta 13

Austregésilo de Ataíde. Jornalista, dirigiu os *Diários Associados* e *O Jornal* durante os anos em que Bernanos contribuiu regularmente com artigos.

---

[2] Affonso Arinos de Mello Franco faleceu em 1990. (N. E.)

Carta 14

Charles Maurice. Um dos fundadores do Comitê da França Livre do Rio, para o qual foi redigido *A França Contra os Robôs*. Esta carta responde às felicitações de Charles Maurice para os artigos publicados no *Bulletin de la France Combattante* [Boletim da França Combatente] em 21 de fevereiro ("Vocês serão jogados no adro", página 312) e no *Chemin de la Croix-des-Âmes* ("Deixem a França falar francês", página 320).

Carta 16

Chateaubriand. Magnata da imprensa brasileira, fundador do Museu de São Paulo, proprietário dos jornais para os quais Bernanos colaborou de 1940 a 1945.

POSFÁCIO

A França Contra os Robôs ou o sermão aos imbecis

> *Não há resumo possível de* A França Contra os Robôs. *É pena para (...) os cretinos cínicos que querem vender aos escravos modernos uma "globalização feliz": se eles se aventurarem na leitura de Bernanos, no belo e sofrido caminho que a instauração do mercado mundial – já denunciado em 1945 – lhe revelou, sairão dela mais humildes, e de joelhos.*
>
> Jean Védrines, *Immédiatement*, n. 7, abril de 1998.

Composto no Brasil entre março de 1944 e abril de 1945, *A França Contra os Robôs* é o último ensaio de combate concebido por Georges Bernanos como um autêntico livro. Evoca o aniquilamento da liberdade individual pela Técnica, pela Ciência e pela Economia, pelo controle mecânico das existências, pelo nivelamento totalitário do mundo e pelo "curioso desbotamento das consciências" subsequente. Em resposta à constituição de um "império econômico universal", apela para a liberdade e a vocação da França, concebida não como uma raça ou como um agregado estatístico, mas como um dado espiritual da história universal.

Desse livro incendiário, uma passagem famosa costuma ser repetida: "Não se compreende absolutamente nada sobre a civilização moderna sem antes admitir que ela é uma conspiração universal contra toda espécie de vida interior. Que lástima! E, no entanto, a liberdade está somente dentro de vocês, imbecis!". Assim, Georges Bernanos não separa a crítica material e a crítica espiritual ao impiedoso mundo moderno.

Ao reler *A França Contra os Robôs*, comecemos por nos maravilhar com esse tiro de pistola deflagrado no meio do concerto, antes mesmo de nos surpreender em vê-lo tão pouco lido e comentado; atenhamo-nos depois, quanto a alguns temas, ao exercício espiritual da "leitura bem feita" reivindicada por Charles Péguy. Perceberemos então como esse livro assombroso ocupou um lugar na literatura de seu tempo.

I

"Que lástima! E, no entanto, a liberdade está somente dentro de vocês, imbecis!" Na Paris dos anos 1946-1947, é preciso imaginar Georges Bernanos repetindo essa palavra – "imbecis" – aos jovens admiradores que vinham visitá-lo no hotel Cayré ou no hotel Montalembert, onde ele costumava se hospedar. Roger Nimier, em *Le Grand d'Espagne* [O Grande da Espanha], e Jean Dutourd, em *Le Vieil Homme et la France* [O Velho e a França], relataram a forte emoção que podia surgir num encontro com o romancista do desespero e da fé – ladeado pela sombra seleta dos pobres padres e das meninas acossadas pelo diabo de seus romances –, que parecia um coronel de soldados de cavalaria ferido em Waterloo. "A raiva dos imbecis satura o mundo" – ele já anunciava desde 1938, em *Os Grandes Cemitérios sob a Lua*. Etimologicamente, o imbecil é o *in-baculum*, o homem incapaz de caminhar sem um bastão. Ora, Georges Bernanos, que nos anos 1930 teve as pernas quebradas em dois acidentes de moto sucessivos, só se deslocava com o apoio de duas muletas, dando o braço a um filho ou a um amigo...

Os dois últimos capítulos de *A França Contra os Robôs* constituem uma espécie de sermão aos imbecis. "Imbecis! Cada vez que escrevo seu nome, censuro-me por dar ao último capítulo deste modesto livrinho a aparência de uma espécie de uma proclamação aos Imbecis." Depois de sete anos de melancólico exílio na América do Sul, onde viveu de 1938 a 1945, Bernanos nada havia perdido de seu esplendor.

Dirigia ao Velho Mundo um olhar novo e não temia o risco de ser incompreendido: esse risco é toda a história de sua vida.

A França Contra os robôs apareceu primeiramente no Rio de Janeiro, em agosto de 1946, com uma tiragem de 250 exemplares numerados, sob a égide do Comitê da França Livre. Fazia então mais de um ano que o escritor se despedira do Cristo Redentor do Corcovado. Em fevereiro de 1947, quando o livro foi publicado em Paris pelas edições Robert Laffont – que o haviam inscrito no catálogo por instigação do general Guillain de Bénouville, antigo monarquista como Georges Bernanos –, o romancista cavaleiro errante se concentrava em outras querelas, em particular nas conferências retomadas em *La Liberté Pour Quoi Faire?* [Liberdade Para Quê?]. "Revolução e Liberdade", uma das mais brilhantes entre elas, foi pronunciada no grande anfiteatro da Sorbonne, no coração do Quartier Latin, na margem esquerda do Rio Sena, em Paris, em 7 de fevereiro de 1947. Que não se tente imaginar o autor de *Nous autres, Français* [Nós, Franceses] comparecendo à sede de sua editora para assinar os exemplares de difusão de *A França Contra os Robôs* e esperar os jornalistas vindo ao seu encontro com suas perguntas. Ele simplesmente não tinha tempo.

Em fevereiro de 1947, esse velho lutador nascido em 20 de fevereiro de 1888 faria 59 anos. Restava-lhe um ano e meio de vida: morreu em 5 de julho de 1948, no hospital de Neuilly, para onde foi transportado com urgência, em razão de um câncer do fígado. Como se pressentisse a iminência da hora de sua morte, viveu esses últimos dias ansioso por entregar seu original. Basta pensar na amplitude de sua produção jornalística nesses anos, reunida em *Français, si Vous Saviez...* [Franceses, se vocês soubessem...] (1961), nas conferências retomadas em *La Liberté Pour Quoi Faire?* (1953), em *Diálogos das Carmelitas* (1949), sua obra testamentária, um roteiro de cinema que se tornou peça de teatro. É preciso acrescentar ainda os retoques para a edição francesa de *Le Chemin de la Croix-des-Âmes* (O Caminho da Cruz das Almas), primeiramente publicado no Brasil e, em 18 de junho de 1948, duas semanas antes de sua morte, pela Gallimard.

As edições Robert Laffont parecem haver publicado *A França Contra os Robôs* como uma *curiosa* – quase um livro pornográfico. O comunicado à imprensa é lapidar. Esse livro em que um escritor vê o que seus contemporâneos não veem é uma granada descavilhada, lançada furtivamente no campo de batalha. No entanto, que força! Que abalo! "Trata-se sempre de assegurar a mobilização total para a guerra total, enquanto não vem a mobilização total para a paz total. Um mundo ganho para a Técnica está perdido para a Liberdade"; "A única máquina que não interessa à Máquina é a Máquina de fazer o homem desgostar da Máquina, isto é, desgostar de uma vida inteiramente orientada pela noção de rendimento, de eficiência e, finalmente, de lucro". O escritor que assim se expressava enquanto na Europa parecia descortinar-se uma era milenar de felicidade democrática e tecnológica passava por um fracassado, um louco, um amargurado. Vejam este retrato magistral do *homo economicus*. "Quer se intitule capitalista, quer socialista, este mundo está fundado em certa concepção do homem, compartilhada pelos economistas ingleses do século XVIII, assim como por Marx e Lênin. Por vezes se disse, sobre o homem, que ele era um animal religioso. O sistema o definiu de uma vez por todas como um animal econômico, não apenas o escravo, mas o objeto, a matéria quase inerte, irresponsável, do determinismo econômico, e sem esperanças de emancipar-se dele, visto que não conhece outro móbil certeiro além do interesse, do lucro. Cravado em si mesmo por seu egoísmo, o indivíduo agora aparece como uma quantidade insignificante, submetida à lei dos grandes números; só se poderia pretender empregá-lo em massa, graças ao conhecimento das leis que o regem."

É preciso imaginar a atmosfera intelectual na Paris da época. Comprometidos com o regime de Vichy – com a Colaboração –, os maurrassianos, condenados às catacumbas, já não reconhecem o autor de *La Grande Peur* [O Grande Medo]: desde 1938 e do lançamento de *Os Grandes Cemitérios sob a Lua*, veem-no como um traidor. A direita burguesa nunca fora sua família: tratava-o com pinças. Ele assustava os democratas cristãos com suas invectivas incessantes contra a democracia. E os cristãos de esquerda, dos quais fora companheiro de estrada durante a Ocupação, especialmente no âmbito dos *Cahiers Clandestins du Témoignage Chrétien*, "pretendiam enxertar, na esperança cristã, as áreas vivas da experiência comunista". Era-lhes inaceitável ouvir Bernanos pôr em pé de igualdade o capitalismo industrial, o fascismo prometeico e o socialismo coletivista. "Capitalistas, fascistas, marxistas, toda essa gente se parece. Uns negam a liberdade, outros fingem ainda acreditar nela, mas quer acreditem, quer não, isso infelizmente deixou de ter muita importância, visto que já não sabem usá-la." Uma das ideias fortes de *A França Contra os Robôs* é a de que o mundo moderno é um bloco. "Os regimes outrora opostos pela ideologia estão agora estreitamente unidos pela técnica." A posição ocupada por Georges Bernanos no campo de batalha intelectual dos anos 1945-1948 é solitária. Como Simone Weil antes dele; como George Orwell, quando se publicou, dois anos depois, *1984*; como Albert Camus, em 1951, com *O Homem Revoltado*, que lhe valerá o repúdio por parte dos grandes cabeças de vento do sartrismo. Assim como a opressão pelo Dinheiro, pela Máquina, pela Força é um bloco, assim como Auschwitz, Hiroshima e o Gulag formam um bloco de abismo, esses escritores pensavam que o antifascismo devia ser encarado sem discussão nem concessão. Eis o sentido da reflexão de George Orwell num artigo de setembro de 1944, dedicado a Arthur Koestler: "O grande erro de quase todos os autores de esquerda desde 1933 foi terem pretendido ser antifascistas sem serem ao mesmo tempo antitotalitaristas".

II

No fim do singular inverno de 1947, *A França Contra os Robôs* não desfrutou, portanto, da "leitura bem feita" que Péguy reivindicava da parte de leitores: "que, por um lado, saibam ler e, por outro, queiram ler; em suma, que simplesmente leiam, e leiam com simplicidade", como ele escreve em *Clio*. A recepção crítica, que nunca deu ensejo a um estudo preciso, foi particularmente sumária. Quem o comentou? O livro foi brevemente evocado aqui e ali, especialmente por André Rousseaux no caderno literário do jornal *Le Figaro*. Revistas solicitaram a seus repórteres que retratassem aquele tipo excêntrico que retornara do Brasil. "É impossível entrevistar Bernanos. Ele segue seu próprio pensamento, descartando as perguntas inoportunas com um gesto de mão, como se fossem moscas", de acordo com a lembrança de André Bourin, enviado pela publicação mensal *Paru*.

A palavra *robô*, que designa um androide artificial capaz de realizar tarefas normalmente executadas pelos homens, era nova na língua francesa e em todo o mundo. Fora introduzida 23 anos antes, por intermédio da peça de teatro do escritor tchecoslovaco Karel Čapek intitulada *R.U.R., Rossum's Universal Robots*, encenada em Paris em 1924. Em tcheco, *robota* significa trabalho forçado, corveia. Em *R.U.R.*, os robôs fabricados em série condenam os indivíduos ao ócio, portanto, à "obsolescência do homem", como dirá Gunther Andres, ou ao "desaparecimento do trabalho vivo", profetizado por Karl Marx. Segue-se uma guerra entre os homens humilhados e as máquinas revoltadas, na qual o futuro do mundo está em jogo. No início de 1944, quando Bernanos apresentou seu projeto de livro aos amigos do Comitê da França Livre do Rio, queria intitulá-lo *Hino à Liberdade*. Um deles lhe sugeriu o título *A França Contra os Robôs*. A palavra *robótica* entrava então na cultura popular graças a Isaac Asimov e a seu conto de ficção científica intitulado "Mentiroso!", publicado em maio de 1941 na revista *Astounding Science Fiction*. Isaac Asimov ainda não havia escrito seus famosos romances e novelas do *Ciclo dos Robôs* (1950-1985); os robôs ainda não haviam sido introduzidos nas linhas industriais de produção (1961) nem na lida doméstica (1963). A definição da palavra *robô* possuía contornos vagos. E poucas pessoas eram capazes de entendê-la. Entre elas, Antoine de Saint-Exupéry, cujo encontro irrealizado com Georges Bernanos nos deixa pensativos: em meio às loucuras de seu século, esses dois homens revoltados teriam tido muito a dizer um ao outro.

Antes de embarcar em seu último voo sobre a França, em 31 de agosto de 1944, o escritor-aviador deixou na mesa de seu quarto em Borgo, na Alta Córsega, uma carta ao amigo alpinista Pierre Dalloz. "Se eu for abatido, não terei absolutamente nada a lamentar. O formigueiro do futuro me apavora. Odeio as virtudes deles, virtudes de robôs. Quanto a mim, nasci para ser jardineiro." Exatamente na hora em que, do outro lado do Atlântico, Georges Bernanos trabalhava na redação de *A França Contra os Robôs*, no Rio. Foi assim que a palavra *robô* entrou na língua francesa, no ano 1944, pleno de ruído e furor, graças a dois escritores franceses da melhor estirpe. Antes que se tornasse usual, foi ouvida também na boca do general De Gaulle, que, conforme se sabe, graças a um inventário detalhado de sua biblioteca pessoal, mantinha um exemplar de *A França Contra os Robôs* em Colombey-les-deux-Eglises. O discurso de 17 de agosto de 1950 tem matizes fortemente bernanosianos: "Não superamos dois mil anos de História para desmoronarmos amanhã, diante da onda dos robôs. O futuro tem de ser tomado, como sempre. De pé!".

De Gaulle, leitor do último Bernanos? É provável. Em outros lugares, porém, a publicação de *A França Contra os Robôs* se acompanhou de um silêncio constrangido. No melhor dos casos, encarou-se o autor como um excêntrico, e a obra, no pior dos casos, como elucubrações de um "bebum aberrante e lúgubre", com seus "livros envoltos nos vapores do álcool", como escreveu Lucien Rebatet em *Les Décombres* [Os Escombros], publicado em 1942. Quanto ao *Figaro*, as relações tensas entre François Mauriac e Bernanos impediam que este último fosse ouvido. Os cristãos de esquerda, que teriam podido apreciar a crítica da técnica alienadora e aviltante, foram acometidos pela mesma cegueira. Não suportaram que Bernanos equiparasse Hitler e Stalin. O escritor foi atacado no semanário *Témoignage Chrétien*, em que continuara a escrever após a guerra, e na revista *Esprit*, na qual Emmanuel Monier denunciou em fevereiro de 1948 "as piores pobrezas intelectuais contra o maquinismo". No entanto, reconheçamos a Mounier o mérito, em *Petite Peur du XXe Siècle* [Pequeno Medo do Século XX], coletânea de conferências dos anos 1946-1948, de haver assumido plenamente seu ponto de vista progressista, sustentando a tese de que a técnica não é incompatível com o Cristianismo e interpretando os gritos de desespero e de raiva de Bernanos contra a maquinaria como a expressão de uma "corrente afetiva e passional".

Era-se assim nas sacristias francesas dos anos 1950. Justificava-se a sociedade industrial por um pretenso "crescimento da informação" ou um impulso vital, à maneira de Teilhard de Chardin. Essas acrobacias faziam Bernanos berrar, por vezes rir, não raro de raiva. "Continuo a acreditar que os católicos foram enganados, arrastados por essa necessidade de aprovação, de simpatia, para não dizer por sua vaidade, isto é, por toda a parte feminea de sua natureza, sempre a um só tempo ingênua e artimanhosa, mesmo no mais puro heroísmo. Excesso de zelo, como sempre! Precisaríamos de muito mais excelência de conduta, mais classe, para que pudéssemos nos fazer compreender por um mundo operário tão profundamente predisposto contra nós" (a Jean-Pierre Dubois-Dumée, 22 de junho de 1946).

É impressionante observar a que ponto todos os biógrafos e comentaristas de Bernanos mantiveram *A França Contra os Robôs* à distância. Sobre esse momento de sua vida intelectual, a maioria só se digna a comentar, em profundidade, *La Liberté Pour Quoi Faire?* Max Milner, entre os mais cordatos de seus biógrafos, ridiculariza "esse rancor contra o maquinismo – a maquinaria, como ele diz com desprezo –, que se expressa de modo um pouco simplista em *A França Contra os Robôs*".

No entanto, é preciso fazer alguma coisa com esse livro, que se integra plenamente ao ciclo de seis livros de combate dedicados à "demissão da França", iniciado em 1931 com *La Grande Peur des*

Bien-Pensants [O Grande Medo dos Conformistas], seguido de *Os Grandes Cemitérios sob a Lua*, *Nous autre, Français*, *Scandale de la Vérite* [Escândalo da Verdade] e *Lettre aux Anglais* [Carta aos Ingleses]. Tem-se o costume de pôr à parte *La Grande Peur des Bien-pensants*, sob o pretexto de que esse livro pertence ao período Action Française de Georges Bernanos, que rompeu com Charles Maurras e o movimento neomonarquista em 1932. No entanto, a leitura dele é necessária. Uma parte desse livro provavelmente já não pertencia a Bernanos após a estrondosa ruptura. A conclusão de *La Grande Peur* se encadeia, porém, com seus escritos posteriores. "A sociedade moderna (...) não se parece com nenhuma outra das que a precederam; ela é realmente de desconcertar um ser jovem, um espírito ingênuo e sincero. E, para começar, proclama-se revolucionária, isto é, essencialmente provisória, uma transição, um meio-termo. Seu objetivo não é, como o de suas predecessoras, o cultivo ou a manutenção de bens considerados superiores ao indivíduo, isto é, indispensáveis à espécie, mas o simples consumo daquilo que existe, para apressar o advento daquilo que será, pois o futuro sempre tem razão contra o passado. Por isso se deve encarar a espécie de ordem que ela se desculpa por ainda ter de assegurar como o mínimo de disciplina necessário ao pronto assalto contra o planeta – semelhante àquele que um chefe pode manter em suas tropas vitoriosas dentro de uma cidade incendiada. Aliás, mesmo essa disciplina deve ser afrouxada incessantemente à medida que se aproxima o dia esperado, infalível, da liberação absoluta do homem, não do *homo sapiens* do filósofo antigo, mas do homem total, que não reconhece Deus nem senhor, sendo em si mesmo seu próprio fim – a liberação do homem, isto é, de todos os instintos do homem, do animal humano divinizado." O homem que assim falava por volta de 1930 não poderia se surpreender com o que veio depois. Em *A França Contra os Robôs*, evoca a guerra da Etiópia (1935-1936) e a guerra da Espanha (1936-1939) como as premissas de uma nova guerra total, pior que a anterior, da qual ele havia participado sem ilusões, contrariamente a Apollinaire, Ernst Jünger ou Blaise Cendrars, fascinados por aquela orgia de fogo.

É preciso sublinhar, aliás, que Bernanos e Blaise Cendrars não viram o mesmo Brasil. Ao desembarcar no Rio e, depois, em 1924, em São Paulo, o autor de *Trop C'est Trop* [Isso já é demais] ficou maravilhado com os terminais aéreos, os terrenos de aviação, os cinemas, os cassinos, as casas de shows, os palacetes, os arranha-céus, os bulevares, os túneis, os automóveis de luxo, as coleções de pintura moderna, os estádios de futebol, a iluminação elétrica – as mesmas coisas que assustaram Georges Bernanos na América do Sul, onde ele teve pela primeira vez a sensação de viver num mundo "ganho para a Técnica". O Brasil de Georges Bernanos é mais interior, em todos os sentidos da palavra. São os planaltos de Minas Gerais, as fazendas humildes assentadas nas colinas, que contam a doce e laboriosa paciência do homem, o cerrado de Pirapora, local de uma luta secular com a terra vermelha e a natureza indomável, uma aventura inigualada que bastou ao escritor para compreender a totalidade do país.

Bernanos se revelou pouco acessível à dimensão futurista do Brasil. E, de fato, foi ao longo de seu exílio que o desejo frenético de construir máquinas e sujeitar-se a elas lhe apareceu como a perversão do homem moderno. Sua primeira declaração contra o triunfo da técnica data de janeiro de 1942 – uma resposta, que nunca foi publicada, à pesquisa da revista *Vamos Ler!*, em que se formulava a pergunta: "Para o homem, a máquina é um instrumento de libertação ou de escravidão?".

Pouco tempo depois, publicou-se no Rio a obra *Lettre aux Anglais*, redigida em 1940 e 1941. Essa celebração da tradição cristã francesa é dirigida aos nossos vizinhos britânicos, mas se conclui com uma apóstrofe – "Caro senhor Roosevelt" –, redigida em setembro de 1941, pouco antes de Pearl Harbor e da entrada dos Estados Unidos na guerra. Movido por uma potente força de intuição, Bernanos sentiu a quem, a partir dali, convinha dirigir-se. Três anos depois, *A França Contra os Robôs* manifesta seu estado de espírito, num momento em que a vitória dos exércitos aliados sobre as forças do Eixo parecia garantida. A raiva que o impele já não visa o Reich de Hitler, mas a América capitalista e a Rússia soviética. Já não denuncia a vontade de potência do super-homem nazista, mas o "futuro império econômico universal", quer seja plutocrático, quer marxista, com a certeza de que o "sonho ruim" iniciado com a Revolução bolchevique em outubro de 1917 e prolongado com a ascensão de Hitler ao poder na Alemanha não terminara em 1945. Essa é a ideia mais perturbadora de *A França Contra os Robôs*, o que explica que esse livro tenha sido respeitosamente descartado por ocasião de seu lançamento. E, no entanto... O inglês Ian Kershaw, historiador da catástrofe do século XX e biógrafo de Hitler, vê atualmente o hitlerismo e seus efeitos mecânicos no longo prazo como "uma espécie de sopro nuclear no interior da sociedade". Como se continuássemos a ser não apenas os reféns, mas também os atores da devastação nazista de todos os valores.

III

Charles Péguy. Afastado na ilha anglo-normanda de Guernesey de 1853 a 1870, Victor Hugo teve tempo de sobra para meditar sobre as contrariedades e insuficiências da história da França, enquanto Napoleão III se estiolava no Palácio das Tulherias. O exílio é uma experiência de que os escritores franceses frequentemente tiraram proveito. Durante a Segunda Guerra Mundial, foi esse o caso de Roger Caillois em Buenos Aires, de Jules Supervielle em Montevidéu e de Georges Bernanos no Rio. Eles compreenderam melhor seu país ao se lembrarem do que ele representava para os povos da América do Sul: a um só tempo a Filha mais velha da Igreja e a Emancipadora do gênero humano. A respeito do espírito e do destino de seu país, o expatriado discerne coisas que antes não percebia. "É de se crer que, sem saber disso, os exilados ficam próximos de algum sol, pois amadurecem rápido", explica Victor Hugo em um dos maços de manuscritos da coletânea intitulada *Océan* [Oceano]. Os sete anos de exílio melancólico que o autor de *La Joie* [A Alegria] passou no Brasil foram, portanto, capitais. A elite política e social de Minas Gerais que o monarquista Georges Bernanos descobriu em 1938 rendia um culto à Revolução Francesa que necessariamente o fez oscilar em suas certezas. No Brasil, o ano 1789 evocava não apenas a tomada da Bastilha em Paris, mas também a Inconfidência Mineira, uma conjuração contra a dominação portuguesa que se originou na cidade de Ouro Preto, então chamada Vila Rica, e se concluiu com a captura e a execução de seu principal instigador, Joaquim José da Silva Xavier, alcunhado Tiradentes. Os anos 1938-1939, ao longo dos quais Georges Bernanos descobriu esse episódio heroico da história brasileira, coincidem com sua leitura aprofundada da obra de Charles Péguy, a convite insistente do dominicano R. P. Bruckberger. *Scandale de la Vérité* e *Nous autres Français*, escritos no Brasil e publicados em Paris em 1939, marcam com toda certeza uma virada "peguista" na inspiração de Georges Bernanos, que não abandonou por completo o "primeiramente a política" maurrassiano, mas reivindicou um "primeiramente a política" capaz de ir até o fim: De Gaulle!

Em *A França Contra os Robôs*, esse enxerto peguista aparece no reiterado elogio da Revolução de 1789, transformada em "nossa Revolução". Ao contrário de Georges Clémenceau e Charles Maurras, o escritor não concebia a Revolução Francesa como um "bloco" que teria cindido a história da França. Adotando a ideia da continuidade da história da França cara a Alexis de Tocqueville, Jules Michelet, Charles Péguy e Charles de Gaulle, é a Revolução Francesa que ele cinde em duas, distinguindo entre o "Grande Movimento de 1789", com o respeito às liberdades individuais, familiares, provinciais, profissionais, religiosas que o legitimou e o equiparou às revoltas populares do século XII, e o eclipse totalitário de 1793, marcado pelo triunfo de Maquiavel sobre Bernardo de Clairvaux.

Ned Ludd. William Morris. Georges Bernanos presta mão forte à sombra seleta de Charles Péguy, em *A França Contra os robôs*. E a inesperados companheiros de viagem. É o caso de Ned Ludd, o mítico inglês destruidor de máquinas. Solitário em meio aos católicos de seu tempo, Bernanos se recusa a encarar os ingleses destruidores de máquinas dos anos 1760 como retrógrados ou inimigos do gênero humano.

Além do elogio dos ludistas, Bernanos faz também o elogio dos operários das fábricas de seda de Lyon, aos quais por vezes se atribuíam sentimentos monarquistas. Artesãos da tecelagem, esses operários foram vítimas da invasão das máquinas e da lei Le Chapelier, que proibiu os sindicatos operários a partir de 1791. "A primeira máquina de verdade, o primeiro robô, foi aquela máquina de tecer algodão que começou a funcionar na Inglaterra por volta de 1760. Os operários ingleses a destruíram, e alguns anos depois os tecelões de Lyon deram o mesmo destino a outras máquinas semelhantes. Quando éramos jovens, alguns bedéis se esforçavam para nos fazer rir desses ingênuos inimigos do progresso. Quanto a mim, não estou longe de acreditar que obedeciam ao instinto adivinhatório das mulheres e das crianças." Esse sentimento não está distante do de William Morris, escritor, poeta, pintor, tecelão, arquiteto e decorador inglês da segunda metade do século XIX: "Virá o dia, estou certo disso, em que os homens terão dificuldade em acreditar que uma sociedade tão rica como a nossa, capaz de dominar a Natureza com tamanha facilidade, tenha sido capaz de se submeter a uma existência tão infeliz, tão pedestre, tão imunda. Repito de uma vez por todas: nada nos obriga a isso, senão nossa sede inextinguível de lucro". De direita? De esquerda? Antigo? Moderno? Socialista? Conservador? É impossível aprisionar William Morris entre quatro paredes. Igualmente inclassificável, o romancista de *L'Imposture* [A Impostura] junta-se a ele para denunciar o reino da quantidade: "Um mundo dominado pela Força é um mundo abominável, mas o mundo dominado pelo Número é ignóbil. Cedo ou tarde a força faz surgir revoltados, engendra o espírito de Revolta, cria heróis e mártires.

A abjeta tirania do Número é uma infestação lenta que jamais provocou febre. O Número cria uma sociedade à sua imagem, não uma sociedade de seres iguais, mas de seres idênticos, reconhecíveis apenas por suas impressões digitais".

Martin Heidegger, Ernst Jünger. O que impressiona em *A França Contra os Robôs* é a potência visionária. Em inúmeros pontos, a reflexão de Georges Bernanos – que é antes de tudo a de um romancista, isto é, a de um homem que, como ele diz em outra obra, "vive seus sonhos ou, sem estar ciente disso, revive-os" – antecipa-se à dos pensadores que a história da filosofia e da sociologia classificou entre os mestres.

Quando se evoca a questão da técnica, o enquadramento (*Gestell*) do homem e a natureza intimada a fornecer à economia aquilo de que esta precisa, é costume evocar o filósofo alemão Martin Heidegger. Ao reler *A Questão da Técnica*, sua célebre conferência pronunciada em Munique em 1953, cinco anos após a morte de Georges Bernanos, é preciso lembrar que o autor de *Ser e Tempo* não foi o único nem o primeiro a se apavorar ao ver os meios tornarem-se fins, e o homem, instrumento das máquinas. Desde 1932, ano em que o romancista inglês Aldous Huxley publicava *Admirável Mundo Novo*, outro escritor alemão, Ernst Jünger, observara a súbita mutilação da humanidade pela *Totale Mobilmachung* dos indivíduos pela Técnica. Em 1944-1945, Bernanos evoca essa *mobilização total* e aponta o vínculo funesto entre a mecânica de destruição que o havia aterrorizado durante a Primeira Guerra Mundial e a mecânica da produção industrial. O romancista não é filósofo, mas tem poderosas intuições. Desse ponto de vista, a confrontação entre *A França Contra os Robôs* e *A Questão da Técnica* de Heidegger é impressionante. Faz aparecer, no francês, uma apreensão direta e despretensiosa do problema, apoiada em imagens poderosas, destituídas do hermetismo e do preciosismo do alemão. Nos anos 1950, foram Ernst Jünger e Martin Heidegger – em sua convicção de que o *Imperium mundi* da Técnica promove uma intimação da natureza e do homem, e seu indiciamento – que repetiram Georges Bernanos. Em seu *Diário de Guerra*, Jünger ressalta com frequência o elo entre o desenvolvimento da Técnica e a perda da liberdade. Na era das máquinas, tudo o que era vivenciado de modo evidente deixa de sê-lo. O homem duvida de tudo, a começar da realidade de seus laços físicos com o mundo. "*Wissenschaft denkt nicht*", "A ciência não pensa". Quando Martin Heidegger fala assim a seus alunos da Universidade de Freiburg im Breisgau durante o semestre de inverno de 1951-1952, põe seus passos nos de Bernanos. Sabia disso? Ernst Jünger, sim.

Pier Paolo Pasolini, Victor Klemperer, George Orwell. Abstração, mecanização, desrealização, tirania da falsa tolerância: inúmeros temas de *A França Contra os robôs*, muito marginais no momento da redação do livro, reapareceram nos anos 1970 em Pier Paolo Pasolini, que decerto sucedeu a Bernanos de maneira muito consciente. Para além das sutilezas ideológicas, a proximidade do comunista italiano com o monarquista francês é uma questão de temperamento. "Perdemos uma testemunha. Uma testemunha diferente. Mas insisto: diferente por que, em quê? Porque, de certa maneira, ele tentava – como dizer? – provocar reações ativas e benéficas no corpo inerte da sociedade italiana. Sua diferença consistia precisamente nessa provocação benéfica, em razão da ausência total, por parte dele, de cálculos, de concessões, de prudência", conforme observou o amigo Alberto Moravia depois da morte de Pasolini, na noite do dia 1º ao dia 2 de novembro de 1975, numa praia de Ostia. Diante da estupidez, ambos os escritores assumiram "uma revolta contra sua própria família, o que por vezes implicou a rejeição por parte dessa família". A respeito de Pasolini, o escritor italiano Emanuele Trevi disse algo soberbo, que vale para Bernanos: "Ele foi, acima de tudo, para além de toda prudência sensata, um indivíduo absolutamente autêntico – e, portanto, capaz de chegar a uma espécie de limite, de transformar toda a sua existência em uma manifestação da verdade".

No autor de *Escritos Corsários*, a questão da língua é central – ainda que esse defensor do friulano e dos particularismos regionais não encarasse o problema à maneira de Bernanos, admirador de Richelieu e dos fundadores da Academia Francesa. Segundo Pasolini, a língua nova da mercadoria, do hedonismo e do consumo de massa se caracteriza pela proliferação cancerosa de palavras ocas, de anglicismos de galerias comerciais, de expressões voluntariamente embrutecedoras. A partir do Brasil, também Georges Bernanos se dera conta de que o Império econômico havia forjado seu próprio idioma universal. Essa arma capital de enfear e desmiolar que a Grande Máquina possui é naturalmente desprovida dos refinamentos gramaticais e lexicais do francês clássico: "Quer sejamos vencedores, quer vencidos, a civilização das Máquinas não tem necessidade alguma de nossa língua, nossa língua é precisamente a flor e o fruto de uma civilização absolutamente distinta da civilização das Máquinas. É ocioso incomodar Rabelais, Montaigne, Pascal para expressar certa concepção rudimentar da vida, cujo caráter rudimentar é justamente o que lhe confere toda a sua eficiência. A língua francesa é uma obra de arte, e a civilização das Máquinas precisa apenas, para seus empresários, bem como para seus diplomatas, de uma ferramenta, nada mais. Digo empresários e diplomatas, na impossibilidade, é claro, de discernir sempre entre eles. (...) Nossa língua seria, de fato, a última que poderia convir a esse mundo desarvorado e a esses liquidadores". O que a novilíngua da Civilização das máquinas que se derrama sobre nós por meio da publicidade possui de particularmente enganoso é seu caráter duplo: suave e feroz, pacífica e guerreira, liberal e autoritária. Em meados do século XX, o filólogo alemão Victor Klemperer, em *LTI, Lingua Tertii Imperii, a língua do III Reich*, e o escritor inglês George Orwell, em seu romance *1984*, foram os primeiros a registrar o encontro do vocabulário marcial e guerreiro das antigas tiranias – a língua de aço do Big Brother – com uma língua falsa, mole, desarticulada, infiltrada em nossas vidas como um veneno.

Günther Anders, Jacques Ellul. Expropriado de sua língua, o homem fica sob a ameaça de oscilar para o campo dos instrumentos. Isso é o que Georges Bernanos observa em 1945; eis o que Günther Andres voltará a dizer, uma década depois, em um de seus livros mais importantes, *Die Antiquiertheit des Mensche: Über die Seele im Zeitalter der zweiten industriellen Revolution* [A Obsolescência do Homem: Sobre a Alma na Época da Segunda Revolução Industrial], também desprezado, ignorado, incompreendido, mas maravilhosamente visionário. Apagamento da personalidade, rebaixamento da inteligência, destruição da linguagem, inversão dos meios e dos fins, "vida mutilada", como diz Theodor Adorno: todos os pensadores críticos que se ativeram ao exercício de uma lucidez inquieta ao observar o mundo nascido das ruínas da Segunda Guerra Mundial viram a mesma coisa. Entre eles, Jacques Ellul, professor de história do direito, sociólogo e teólogo protestante francês, em busca de uma saída de emergência que permitisse à humanidade escapar não apenas da ilusão fascista e da necrose soviética, mas também da devastação capitalista. Um dos raros, entre os escritores aqui evocados, que leu Georges Bernanos e reivindicou sua afinidade com ele. Próximo do grupo e da revista *Esprit*, fundados por Emmanuel Mounier em 1932, Jacques Ellul se distanciou muito rapidamente, criticando seus amigos por sua aquiescência otimista à modernidade. Num mundo dominado pela angústia, o protestante evangélico Jacques Ellul alardeava sua preferência por uma crítica do mundo moderno concentrada na liberdade do homem. E confessava sua ternura pelos católicos que tratavam a mediocridade burguesa "com vara e navalha", como Georges Bernanos e Léon Bloy.

Os tempos apocalípticos em que a humanidade ingressou no início dos anos 1970 – marcados em particular por uma crise econômica global, por riscos de penúrias definitivas e pela preocupação ecológica generalizada – fortaleceram-no em suas convicções: "Descrevo um mundo sem saída, com a certeza de que Deus acompanha o homem em toda a sua história". Autêntico não conformista em busca de uma saída de emergência que teria permitido à humanidade escapar da devastação capitalista, da ilusão fascista e da necrose soviética, Jacques Ellul queria encontrar um meio de reposicionar a economia sob o controle da consciência e de reaprender a habitar o mundo. "Queríamos criar um verdadeiro movimento revolucionário, com base em pequenos grupos de mais ou menos quinze pessoas, federadas entre si e agindo concretamente no plano local segundo a fórmula: 'Pensar globalmente, agir localmente'."

Esse projeto generoso evoca o de Georges Bernanos, quando este desembarcou na América do Sul em 1938 com a ambição de fundar uma nova França, uma pequena colônia rural que tivesse por vocação preservar a "honra francesa". Adiante de seu tempo, Ellul e Bernanos não realizaram todos os seus projetos inspirados no socialismo utópico. No entanto, o impulso deles permaneceu, bem como a crítica da Técnica, em sua condição de fenômeno central da modernidade. Segundo Ellul, autor de *La Technique ou l'Enjeu du Siècle* [A Técnica ou o Desafio do Século], *Le Système Technicien* [O Sistema Tecnicista] e *Le Bluff Technologique* [O Blefe Tecnológico], a dominação dela sobre os homens se caracteriza em particular pelo automatismo e pela ausência de escolha. Não há alternativa, repetem os alto-falantes da Grande Máquina. E Georges Bernanos, que ouvira esse mandamento nos anos 1930 e 1940, escarnece: "Nada se pode contra as leis do determinismo econômico".

Hannah Arendt. Léo Strauss. Oriundo de uma meditação sobre o fenômeno totalitário, que Hannah Arendt acabou por julgar impensável, o livro *A Crise da Cultura*, publicado em 1961, merece igualmente ser comparado com *A França Contra os Robôs*. Para a filósofa alemã, assim como para o romancista francês, a Grande Catástrofe do século XX, em vez de provocar desespero, parece rica em lições: "O próprio pensamento nasce dos acontecimentos da experiência vivida e deve permanecer ligado a eles como aos únicos guias capazes de orientá-lo".

O filósofo alemão Léo Strauss, igualmente obrigado a fugir do nazismo no início dos anos 1930, enraizou do mesmo modo sua reflexão sobre a crise da civilização ocidental em sua experiência vivida na Alemanha no crepúsculo da República de Weimar. Numa conferência pronunciada em Nova York em 1941, propõe uma poderosa análise do niilismo de Oswald Spengler, Möller van den Bruck e Carl Schmitt, considerando-o não como o ressurgimento de postulados filosóficos arcaicos, mas como a reação desesperada de espíritos prisioneiros da crença moderna num progresso indefinido e numa história irrefutável. Segundo ele, o pesadelo nazista é produto de uma crise de consciência que não é retrógrada, mas ultramoderna – um ponto de vista compartilhado por George Orwell e expresso de maneira poderosa: "Os homens verdadeiramente modernos, isto é, os nazistas e os fascistas". Seria pouco dizer que encontramos aí uma das perspectivas principais de *A França Contra os Robôs*. Para compreender o homem moderno, é preciso buscar não aquilo em que ele crê, mas aquilo em que ele não crê, sondar seu niilismo.

Assim é que Hannah Arendt se recusa a encarar os sistemas políticos instaurados pela Alemanha hitlerista e pela Rússia stalinista sob a ótica das categorias que convinham ao exame dos regimes do passado. A seu ver, o totalitarismo difere em essência do despotismo, da tirania e da ditadura. Em todos os lugares onde se manifestou, deu origem a instituições políticas inteiramente novas, destruindo as autoridades e substituindo a organização tradicional da cidade por uma massa atomizada e amorfa. Já não é o controle de um só ou de alguns poucos sobre o corpo social, mas a "mobilização total" – voltamos a essa questão – do corpo social no interior de uma organização de massa transformada em seu próprio fim. Desse modo, cada indivíduo se torna o tirano de seu vizinho, cada homem, o de seu irmão, cada criança, a de seus pais. A filosofia mostra que a emergência do totalitarismo está ligada à de uma concepção inédita da história, com as aparências de uma ciência que somente os "Newtons do mundo moral" seriam capazes de compreender. Para Hannah Arendt, hegelianos de esquerda, de direita e de outras paragens – nazistas e comunistas ontem, liberais hoje – encontraram-se nessa atitude que desemboca numa filosofia contemplativa do progresso da história. Em *A Crise da Cultura*, ela propõe, desse modo – e sem estar ciente disso –, uma formulação filosófica das intuições e das imagens bernanosianas de *A França Contra os Robôs*. "O fenômeno totalitário, com seus impressionantes traços antiutilitaristas e seu estranho desdém pelos fatos, baseia-se em última instância numa convicção de que tudo é possível, não apenas permitido, como no caso do primeiro niilismo. Os sistemas totalitários tendem a demonstrar que a ação pode fundamentar-se em qualquer hipótese e que, ao longo de uma ação conduzida de maneira coerente, a hipótese particular tornar-se-á verdadeira, virá a ser real, de uma realidade factual."

IV

Depois de haver concluído a redação de *A França Contra os Robôs,* nas últimas semanas da Segunda Guerra Mundial, George Bernanos ainda não esgotara seu assunto com as máquinas. Em *Diálogos das Carmelitas*, obra composta no fim de sua vida, demora-se um tanto ironicamente no papel sanguinário de uma delas: a guilhotina, que corta a cabeça de dezesseis religiosas no fim da peça. Que máquina eficaz! Em *Memórias de Além-Túmulo*, Chateaubriand ressaltava que o funcionamento da invenção do doutor Guillotin, antigo aluno dos jesuítas cooptado pelo ideal do Iluminismo, fora visto como um progresso: "Os gentis carrascos que cortavam a cabeça das crianças e dos velhos, os benignos espectadores que assistiam ao guilhotinar das mulheres, enterneciam-se com os progressos da humanidade".

Essa ternura dos imbecis em relação à Técnica, sejam quais forem as desordens provocadas, a parte de humanidade abolida, a liberdade abandonada, exasperava Bernanos. Foi para tentar despertá-los de seu sono que ele deu berros de buldogue. Como não ouvi-lo quando ele evoca "a propaganda incessante", a incitação à adaptação, o culto do lucro, a especulação, a superprodução, os anos de desemprego e baixos salários e "o enorme consumo de consumidores"? Está longe o tempo em que convinha encarar esse católico errante como um ser curioso. Esse escritor de faro impecável enxerga com precisão onde o mal reside e sente onde o sofrimento está. Formula sem cessar a pergunta certa: "Será que devemos rejeitar definitivamente a hipótese de uma crise profunda, de um desvio, de uma perversão da energia humana?". Gostaríamos de nos esquivar. Mesmo à distância, porém, precisaremos ter a coragem de lhe responder, Georges Bernanos.

Sébastien Lapaque
Posfácio à edição brasileira de *A França Contra os Robôs*,
É Realizações Editora. São Paulo, 2018.

POSFÁCIO

A França Contra os Robôs é um escrito oportuno: conclui os anos brasileiros, dedicados por Bernanos à luta contra o imperialismo totalitário, e dá início às campanhas que, de volta à França, ele iria promover diante dos perigos e das degradações da vitória de 1945. O livro foi concebido e redigido durante os últimos meses passados no Brasil. Graças a uma nota precisa escrita para nós pelo sr. Jean Hauser, membro do Comitê da França Livre no Rio de Janeiro, fomos capazes de seguir as etapas da composição. Constata-se, assim, que a história de *A França Contra os Robôs* está estreitamente ligada à do Comitê gaullista no Brasil. O sr. Jean Hauser escreve:

> Nos dias trágicos de junho de 1940, isolado na imensidão do sertão brasileiro, Georges Bernanos escrevia: *Esse desastre é único em nossa história, é preciso que a reparação também o seja. Ela o será... Retomaremos nossa tarefa, recomeçaremos pelo começo... Já que não pudemos desgastar a guerra alemã, vamos desgastar a paz alemã: nisso despenderemos o tempo necessário...* ("A França se Cala". In: *Chemin de la Croix-des-Âmes*, junho de 1940, p. 25-26).
>
> Expressava assim os sentimentos que animavam muitos franceses, tanto na França como no exterior: estes, recusando-se a aceitar como definitivo o desmoronamento da França, conservavam sua fé e sua confiança nos destinos da Pátria. Muitas pessoas, individualmente ou em grupo, responderam por telegrama ao apelo do general De Gaulle, e assim nasceram os Comitês da França Livre: *Em toda parte, espontaneamente, sem instruções, sem planos, sem ordens,*

seus criadores, geralmente comerciantes ou técnicos, desgarrados da política por sua longa ausência, sentem de modo confuso que nestes dias em que o Estado abdica, cabe aos cidadãos se unir para retomar de suas mãos débeis o destino da Pátria (J. Soustelle, *Envers et Contre Tous*, tomo I, p. 66-67).

Os Comitês do Brasil – os do Rio de Janeiro, São Paulo e Bahia – estiveram entre os primeiros a se constituir. Propunham-se manter o verdadeiro rosto da França e dar a conhecer – enquanto a Resistência Interior tomava corpo – o modo como, em todo o mundo, inclusive nas colônias, franceses livres permaneciam fiéis ao ideal secular de seu povo. Deviam, além disso, receber os engajamentos dos voluntários nas unidades da França Livre, angariar fundos para então encaminhá-los a Londres, apoiar as obras de assistência e as famílias de voluntários, custear as despesas de propaganda e manter as atividades culturais francesas no exterior.

O Comitê Nacional Francês consagrou oficialmente esses organismos – animados por homens que neles atuavam como voluntários – assinando os decretos 219 e 349 de 8 de abril e 9 de julho de 1942, publicados no *Journal Officiel de la France Libre* em 12 de maio e 28 de agosto do mesmo ano.

Nos termos do decreto de 28 de agosto, a organização dos franceses livres no Brasil comportava um Comitê Central no Rio de Janeiro, sob a presidência do sr. Auguste Rendu e, das fronteiras da Venezuela aos confins do Uruguai, treze comitês locais dependentes do Comitê Central que possuíam, além disso, representantes em trinta e seis outras localidades. Desse modo, contatos estreitos puderam se estabelecer, no país inteiro, com as autoridades e a imprensa brasileira. Os Comitês eram constituídos por aderentes (cidadãos franceses) e simpatizantes estrangeiros.

Foi por meio de doações e contribuições mensais que os Comitês puderam viver e enfrentar as despesas de suas diversas atividades. No entanto, mesmo com toda a dedicação dos franceses, os Comitês não teriam logrado alcançar os resultados que haviam fixado para si sem a ajuda dos brasileiros, nos quais encontraram a força da amizade, consolidada pela provação da adversidade. A quantia das cotizações mensais era fixada pelos próprios simpatizantes, e era proporcional a seus recursos; o depósito era espontâneo e não implicava a emissão de recibo, pois coletas desse tipo eram em princípio proibidas no Brasil. Com frequência os escritórios do Comitê Central receberam a visita de homens de condição modesta, que vinham se desculpar por não poderem depositar no fim do mês os poucos cruzeiros que suas cotizações representavam. Momentaneamente constrangidos, prometiam dar sua contribuição alguns dias depois e, no dia estabelecido, vinham honrar o que consideravam uma dívida sagrada. Entre esses brasileiros, os que amavam a França de longa data e seguiam, com emoção, o desenrolar de suas provações liam também, com paixão, os artigos de Georges Bernanos publicados pela imprensa brasileira, nos quais ele condenava violentamente o armistício de junho de 1940 que os havia abalado.

Por isso, tão logo Bernanos deixou o sertão e se aproximou do Rio de Janeiro, vínculos muito estreitos se estabeleceram entre ele e o Comitê Central da França Livre no Brasil: de fato, ele considerava que *os Comitês da França Livre deviam continuar a ser a lareira, a chama, o fervor da opinião francesa propriamente dita, e também das Amizades Francesas no mundo.*

Eis por que, quando de suas estadas no Rio de Janeiro – mais frequentes a partir de 1942 –, ele nunca deixava de comparecer ao Escritório do Comitê, interessando-se por suas atividades e assumindo, em certos debates, a parte ativa que convinha a seu temperamento e a suas convicções. O Comitê Central garantia a ligação entre Bernanos e os diferentes jornais da F. L. no mundo, que divulgavam os artigos do grande polemista. Bernanos cultivava relações de amizade com vários membros do Comitê Dirigente, e foi assim que, em 26 de março de 1944, ao longo de um desses encontros, Bernanos contou haver concluído um manuscrito que ele se propunha a oferecer ao Comitê Central, como prova de gratidão pelo apoio que lhe fora dado. O título ainda não estava definido.

Bernanos tinha em mente: *Hino à Liberdade*. Expôs as grandes linhas de sua obra e foi ao longo da conversa subsequente que o título *A França Contra os Robôs* foi sugerido por um dos presentes. Bernanos o adotou com entusiasmo.

Levou alguns meses para redigir o livro, do qual alguns trechos foram lidos publicamente por ele em 1º de setembro de 1944 e, na Casa dos Estudantes, em 22 de dezembro.

Em 4 de janeiro de 1945, Bernanos aceitou a proposta do Comitê da França Livre de imprimir uma edição de luxo de 250 exemplares, por assinatura. Ficou acertado que o lucro lhe seria entregue, para ajudá-lo a cobrir os custos de seu retorno à França e de seu novo estabelecimento no país.

Em 19 de abril, realizou-se um almoço para festejar a medalha da Resistência que o Governo Provisório da República acabara de conceder a Auguste Rendu. Nessa ocasião, o jornalista Pedro Costa Rego tomou a palavra em nome dos brasileiros, e Bernanos, falando pelos franceses, leu o texto que serve agora de prefácio ao livro *A França Contra os Robôs*. Nesse mesmo dia, ele entregou ao Comitê, para sua posse exclusiva, o texto definitivo do livro.

Foi só em agosto de 1946 que se publicou a edição planejada, e o volume destinado ao autor lhe foi trazido até a França. O general Guillain de Bénouville, que lá se encontrava por ocasião do recebimento desse exemplar, propôs imediatamente que se fizesse uma edição francesa pela editora Robert Laffont. Bernanos fez questão de consultar o Comitê da França Livre no Rio de Janeiro, que consentiu de imediato, com a única condição de que o autor fosse o único a receber o valor da cessão. Bernanos protestou, porém, que havia doado o manuscrito ao Comitê; foi difícil convencê-lo de que, com a cessação das hostilidades, o Comitê havia concluído sua atividade. Mesmo assim, Bernanos fez questão de reverter parte dos direitos ao Comitê do Rio de Janeiro que, com sua concordância, doou a soma à Associação dos Franceses Livres de Paris para suas obras sociais e de ajuda mútua.

SEGUNDA PARTE – POSFÁCIOS

A edição que hoje apresentamos inclui, como complemento ao texto de *A França Contra os Robôs*, diversos escritos brasileiros de Bernanos inéditos na França. Alguns deles, nunca publicados nem em francês nem em português, vinculam-se diretamente ao texto principal, seja por pertencerem a uma primeira versão manuscrita, seja porque, tendo sido redigidos no mesmo ano, se referem aos mesmos temas. Outros – entrevistas e artigos de revista –, dos quais o mais antigo data de janeiro de 1942, foram impressos no Rio e permitirão seguir aqui o desenvolvimento do pensamento bernanosiano. É o caso, em particular, do primeiro desses textos inéditos, "Resposta a uma Pesquisa", que, a propósito do mundo moderno e da civilização técnica, propõe certos matizes que Bernanos deixara de lado em seu livro de 1944. Por fim, uma seleção de cartas a amigos brasileiros ou a franceses no Brasil serve para manifestar as primeiras reações espontâneas de Bernanos diante dos acontecimentos que ele seguiu com toda a sua inteligência, mas também com toda a sua potência de sofrimento, de setembro de 1939 a maio de 1945.

Não será inútil rememorar, no intuito de favorecer a compreensão desse conjunto de textos, as circunstâncias e os momentos essenciais da longa estada de Bernanos no Brasil. Com frequência se disse – erroneamente – que Bernanos havia deixado a França no dia seguinte a Munique. Na realidade, ele partiu em 20 de julho de 1938, não só, como declarou, para ir bem longe "digerir sua vergonha" de Ocidental diante da degradação da Cristandade desunida, mas também porque havia muito tempo – desde seus anos de colégio – ele sonhava em estabelecer-se na América do Sul. Imaginara essa viagem com seus dois melhores amigos de adolescência, Maxence de Colleville e Ernest de Malibran, e a escolha deles então recaíra sobre o Paraguai, onde os dois camaradas de Bernanos de fato estiveram antes da guerra de 1914, que os chamou de volta à Europa. Quanto a Bernanos, o sonho irrealizado da juventude perseverava, e não é sem motivos que uma de suas primeiras novelas publicadas, "Une Nuit" [Uma Noite], evoca – e com que potência de imaginação! – a floresta tropical.

Em 1938, portanto, Bernanos embarcou com a família rumo ao Paraguai, apesar das reiteradas opiniões desfavoráveis de vários amigos seus. Fez escala nos dias 4 e 5 de agosto no Rio de Janeiro, onde dois escritores brasileiros, o filósofo Amoroso Lima e o poeta Auguste-Frédéric Schmitt, avisados sobre sua passagem, vieram ao navio para lhe dar as boas-vindas e o receberam para o almoço em Copacabana. Depois, esteve em Buenos Aires, onde deu uma conferência na casa de Victoria Ocampo, e seguiu para Assunção, destino de sua viagem, onde permaneceu... onze dias. Assustado pela cheia do rio e pelo clima, desanimado com a atmosfera e o custo de vida, Bernanos se lembrou de que havia descoberto o Rio no dia de São Domingos de Gusmão, avisou os brasileiros que o haviam saudado por ocasião de sua passagem, e anunciou sua chegada. No dia 1º de setembro, chegava, com a esposa e os seis filhos, ao hotel Botafogo, diante da baía admirável.

O Brasil é a terra da amizade, e de saída Bernanos teve uma maravilhosa experiência disso. Os escritores brasileiros, que conheciam sua obra, mas também políticos e grandes proprietários de terras – que não o haviam lido e provavelmente teriam preferido Anatole France - souberam discernir nele uma afetividade igual à deles e aquela força da inteira veracidade, da liberdade inflexível à qual atribuíam o devido valor. Empenharam-se em contribuir para seu estabelecimento e em facilitar a busca de uma casa onde Bernanos pudesse instalar sua tribo, nômade havia muito tempo. Ele sonhava com uma propriedade agrícola que pudesse dirigir junto com os filhos, o sobrinho e um amigo trazido da França, e assim esperava assegurar sua existência material e poder escrever sem restrições o que lhe agradava escrever. Desapontamentos não lhe faltariam.

Fixou-se primeiro em Itaipava, na montanha que domina o Rio, atrás de Petrópolis, mas lá não permaneceu por muito tempo. Conseguiram-lhe então uma pequena fazenda em Juiz de Fora, no estado de Minas Gerais, onde ele viveu de novembro de 1938 a janeiro de 1939 e escreveu *Scandale de la Vérite* [Escândalo da Verdade] e o belíssimo prefácio a uma coletânea do grande poeta brasileiro Jorge de Lima, um de seus melhores amigos dos anos de exílio. Desde fevereiro de 1939, no entanto, encontrava-se perto de Vassouras, no interior das terras, numa pequena propriedade, o sítio de Cataguaz. A cada dia dessa primavera, que, no Brasil, é inundada pelas chuvas tropicais, ele amarra seu cavalo na porta de uma minúscula cabana isolada nos campos e escreve, numa tacada, *Nous autres, Français* [Nós, Franceses], esse apelo à consciência da juventude francesa que seria publicado em Paris poucas semanas antes da guerra.

Mal concluiu seu manuscrito, em junho de 1939, retomou a estrada em busca de outra moradia, mais de acordo com seu grande sonho. Embrenhando-se na antiga região de Minas, a que vai se afeiçoar cada vez mais, sobe rumo ao Rio São Francisco com Virgílio de Mello Franco – um amigo que lhe era muito caro –, vê pela primeira vez Barbacena, onde viverá tempos depois, passa pela cidade nova de Belo Horizonte, chega enfim a Pirapora, onde a família Mello Franco possui terras. Aluga uma vasta fazenda, compra 250 cabeças de gado e, longe de tudo, em condições muito difíceis, sem conhecer a língua e os costumes do país, tenta a grande aventura do colono. O fracasso será duro.

A notícia da declaração de guerra o encontra nesse isolamento. Num pátio inundado pelo sol dos trópicos, que ele descreve em *Les Enfants Humiliés* (no qual retratou em tão vivas cores a imensa extensão brasileira coberta de florestas anãs), põe-se a escrever seu "diário de guerra". Tudo lhe reflui à memória de exilado: as lembranças de 1914, as trincheiras, os camaradas mortos, o desapontamento de 1918 e, depois, sua existência difícil. Ele tem a impressão de voltar para a guerra como quem volta "para a casa de sua juventude" e vê a si mesmo como um músico de rua que gira em vão a manivela de seu realejo. No entanto, poeta que era, apaixonado pela linguagem, nascido para o encantamento verbal, nunca estivera tão próximo da mestria absoluta, nem mais habitado pelo espírito da profecia. Essa guerra fora predita por ele nos últimos capítulos de *Os Grandes Cemitérios sob a Lua*, suas etapas inevitáveis haviam sido descritas por ele de antemão. E naquele momento, enquanto ela se desenrola, e enquanto ele sofre por não poder estar entre os combatentes – a idade, a enfermidade, os encargos de família e o exílio voluntário o impedem –, é o pós-guerra que ele já anuncia, com suas misérias, suas decepções, sua trágica confusão. Pouco a pouco, enquanto os exércitos ainda estão imóveis face a face, ele entrevê os vastos conflitos que só se desencadearão em sua plena violência após o conflito em curso. Já sabe que a era dos técnicos, antes de conquistar o planeta inteiro, vai abalar e martirizar cruelmente os homens. Desde essa época aparecem as preocupações que serão expressas em *A França Contra os Robôs* e que lhe servem de chave para decifrar os acontecimentos no dia a dia.

Em fevereiro de 1940, ele interrompe seu diário – que só será publicado em 1948, depois de sua morte, e receberá o título *Les Enfants Humiliés* – para concluir seu último romance, *Monsieur Ouine* [Senhor Ouine], iniciado em 1931, retomado em 1933-34, depois em 1936, e cujo epílogo parece ter assustado ao próprio Bernanos durante muito tempo. Termina-o e envia o manuscrito a Paris no dia em que se desencadeia a grande ofensiva alemã: 10 de maio de 1940.

Diante dessa notícia e das que se sucederam nas semanas seguintes, como ele poderia ficar a seiscentos quilômetros de seus amigos, para além da última estação de trem, sem comunicação com o mundo exceto por meio de um radinho ruim? Em junho ele desce para o Rio e depois passa uma temporada em Belo Horizonte, onde vê os passantes chorarem na rua ao saber da queda de Paris. O armistício, a formação do governo de Vichy – que ele havia predito literalmente num texto de 1938, no qual também anunciava a Resistência popular – não se limitam a abalá-lo. Ele se sente convocado a falar, tentará alcançar seus compatriotas, lançar-lhes apelos do além-mar e, ao mesmo tempo, defender a honra francesa aos olhos do país em que é hóspede. Seus primeiros amigos brasileiros o incentivam a fazê-lo e proporcionam-lhe os meios. A imprensa de Belo Horizonte, depois a do Rio, acolhem seus primeiros artigos: de fim de junho até 1945, ele será um colaborador ativo dos jornais da cadeia dirigida pelo poderoso Assis Chateaubriand.

A fim de se dedicar a esse combate – e pelo fato de a fazenda de Pirapora estar em plena decadência –, Bernanos vende o que resta de seu rebanho e decide se aproximar das cidades. Uma vez mais, é Virgílio de Mello Franco – o futuro líder da resistência à ditadura de Getúlio Vargas – que encontra para ele a pequena fazenda de Cruz das Almas, a quatro quilômetros da minúscula cidade de Barbacena, em Minas. Ele habitará por muito tempo nesse domicílio, cuja reconstrução, comandada por ele, será inspirada nas casas dos camponeses de Artois. Todas as manhãs, ao longo de quatro anos, e todas as tardes, os habitantes de Barbacena viam chegar a cavalo aquele que ficou lendariamente conhecido na região como seu Jorge, "froncês". Ele amarrava sua montaria na fachada do Bar Colonial, apelidado por ele de "sua catedral", pedia um café, que raramente bebia, abria seu pequeno caderno escolar e, depois de mirar o invisível por muito tempo, punha-se a escrever com sua letra pequena e nervosa, rasurando, emendando, recomeçando indefinidamente, para então passar a limpo numa caligrafia bela e bem clara os artigos destinados aos jornais do Rio, de Londres, de Argel, ou à BBC. Em dezembro de 1940, a *Dublin Review* lhe pediu um ensaio sobre a tradição cristã francesa. Ele o escreveu, o remeteu e, aproveitando o impulso, concluiu alguns meses depois um livro intitulado *Lettre aux Anglais* [Carta aos Ingleses]. Charles Ofaire, editor suíço estabelecido no Rio, publicou-o em francês. Excertos foram reproduzidos na França por *Témoignage Chrétien* [Testemunho Cristão] e edições clandestinas logo apareceram em Argel e Genebra. Esse grande livro nascido da terra brasileira, que Bernanos celebra com seus habitantes, os camponeses mineiros, é um elogio ao heroísmo inglês no ano 1940, mas termina como carta aos americanos. Assim como outrora ele havia se dirigido ao ditador nazista: "Caro senhor Hitler...", dirige-se agora ao presidente dos Estados Unidos: "Caro senhor Roosevelt...". Fala em nome das velhas nações europeias, de suas tradições, de suas forças revolucionárias sempre vivazes. Que ninguém se engane sobre isso, que uma nação devotada à potência material não vá acreditar em sua superioridade real, reivindicar uma hegemonia. Contra o mundo do Dinheiro e da Máquina, Bernanos eleva o protesto da Liberdade e convoca com seus votos a insurreição das forças do Espírito.

Esses são temas constantes em seus artigos, suas cartas, suas conversas com os amigos do Rio ou de Belo Horizonte, e com os visitantes que por vezes vêm até Cruz das Almas. No entanto, depois da partida de seus dois filhos e de seu sobrinho para lutar nas Forças Francesas Livres, Bernanos fica às vezes muito sozinho. Então vai para a capital, onde seus amigos da França Livre arrumaram um cantinho para ele na Rua dos Voluntários da Pátria. Os jornais favoráveis ao Eixo não param de acusá-lo, mas a elite brasileira, tradicionalmente ligada à França e influenciada pela campanha persuasiva que Bernanos realiza uma semana após a outra, ecoa suas palavras. Ele mantém um diálogo amistoso, ora de viva voz, ora por cartas, com Jorge de Lima, que, além de poeta, é médico, pintor, romancista; com seu caro Virgílio e com outros membros da família Mello Franco, entre os quais o dr. Carlos Chagas Filho, outro grande amigo da França. Raul Fernandes, que voltará a ser ministro das Relações Exteriores em 1945, após a queda de Vargas, está nessa época na oposição; velho liberal irônico, afeiçoa-se profundamente ao romancista, tão diferente dele, e as trocas de perspectivas sobre a situação polícia encanta a ambos. Seria preciso nomear ainda muitos outros amigos brasileiros de Bernanos; como sempre, ao longo de sua vida, jovens o escutam e a ele se afeiçoam: o dr. Fernando Carneiro, que também é ensaísta católico; Pedro Octavio Carneiro da Cunha, que morará na casa de Cruz das Almas depois da partida de Bernanos; Edgar Godoy da Mata-Machado, tradutor de *Diário de um Pároco de Aldeia*, e outros mais. Na embaixada da Inglaterra, Bernanos se liga ao embaixador, *sir* Geoffroy Knox, e a um adido, David

Scottfox. Quando o Brasil oficial se afasta do Eixo e entra na guerra, os meios frequentados por Bernanos se tornam mais influentes. Em setembro de 1943, ele é convidado por Assis Chateaubriand para batizar um novo avião: o *Joana d'Arc*. É nessa época que ele pronuncia sua primeira conferência pública, que a França Livre edita (*Réflexions sur le Cas de Conscience Français*) [Reflexões sobre o Caso de Consciência Francês], enquanto Charles Ofaire publica em volume os artigos de Bernanos (*Le Chemin de la Croix-des-Âmes*).

Em 1943-44. ele passa longos meses na ilha de Paquetá, no meio da baía do Rio, para então voltar a Barbacena. O desembarque na França e a derrota iminente da Alemanha vão colocá-lo diante de um caso de consciência: será um dever retornar ao país liberto? Ele se sente atraído, espera um grande renascimento revolucionário, oriundo da Resistência – seus artigos desse período insistem muito nitidamente na lembrança de 1789 –, mas ele teme também que todo esse impulso esmoreça e lê no futuro os sinais do retorno às rotinas, em meio a um mundo cada vez mais entregue ao prestígio da potência material. O general De Gaulle, no entanto, envia um despacho após o outro, solicitando a Bernanos que retorne à França. Bernanos se decide, prepara a partida, despede-se longamente do Brasil tão amado e embarca, enfim, no mês de junho de 1945.

A França Contra os Robôs é seu último escrito redigido no exílio. Apologia da Liberdade, desafio lançado às idolatrias do lucro e da força, diagnóstico sombrio sobre a decadência da alma ocidental, trata-se de um livro doloroso e angustiado, mas em absoluto de um livro de desespero. Bernanos não escreve para se lamentar sobre o estado do mundo, mas para despertar as consciências. Todas as suas palavras, a partir daí, serão apelos, e, para obedecer a essa vocação de grande testemunha ativa, ele sacrificou sua obra de romancista. É preciso saber ler, em suas cruéis condenações dos ídolos contemporâneos, as certezas e a inflexível esperança desse homem de fé. Se ele alardeia o perigo mortal e multiplica as advertências contra uma humanidade entregue à técnica e, ela própria, cada vez mais mecanizada, não é para preconizar nenhuma espécie de volta ao passado. Ele acredita firmemente e proclama sem descanso que, para além das decepções e aberrações modernas, as potências adormecidas da alma hão de vivenciar um esplêndido despertar. Pensa e afirma que se prepara, no interior dos povos enganados por seus senhores, ditadores, engenheiros, pedagogos e ideólogos, uma revolução que não será apenas política e social, mas uma grande reviravolta espiritual, o levante irresistível da liberdade interior, da criatura que a civilização moderna, com sua organização simplificadora, é incapaz de satisfazer.

A França Contra os Robôs e os textos que lhe correspondem, como os escritos dos três últimos anos que se seguiram ao retorno à França, não são um panfleto político. Assim como os romances de Bernanos e seus grandes livros de antes da guerra, de *La Grande Peur des Bien-pensants* a *Nous autres, Français*, participam de uma apaixonada investigação da verdade, de um impaciente – quão paciente! – esforço de compreensão: "amar para compreender, compreender para amar melhor", dirá ele. Obras de um cristão que não desespera, que vive com os olhos elevados para o Reino de Deus e que "tanto amou, tanto amou, tanto amou a terra". Irmão de Péguy, presente como ele nas lutas temporais, destinado como ele a se contrapor e a suscitar o escândalo necessário, Bernanos consagrou sua vida a essa vocação exigente.

Atentemos para esta pequena frase, escrita na margem dos rascunhos de *A França Contra os Robôs*, que define tão bem a função do escritor que ele foi:

Vocês querem uma fórmula; eu quero fazê-los sonhar.

Albert Béguin

Faço questão de agradecer particularmente ao sr. Auguste Rendu, que generosamente colocou à minha disposição manuscritos, cartas, edições e a maioria dos documentos fotografados neste volume.

A. B.

Você poderá interessar-se também por:

OS GRANDES CEMITÉRIOS SOB A LUA
Um testemunho de fé diante da guerra civil espanhola
GEORGES BERNANOS

Publicado em 1938, este violento panfleto causou escândalo na França. Georges Bernanos oferece um "testemunho de combate", que rapidamente assumiu uma atualidade extraordinária, para se revelar como uma profecia patética das grandes catástrofes do século XX. E o faz com uma eloquência acalorada, estrondosa e visionária. Se Georges Bernanos chama a atenção para o crime que se realiza sob seus olhos, em Maiorca, é para ir além dele o tempo todo, ampliá-lo, estendê-lo a toda a Europa, aos ácidos que a corroem e terminarão por dissolvê-la e, mais profundamente, em nome de uma luta subterrânea cuja chave se encontra no segredo da consciência. Com esse caráter, permanece o mais atual, o mais jovem e o mais moderno de nossos contemporâneos.

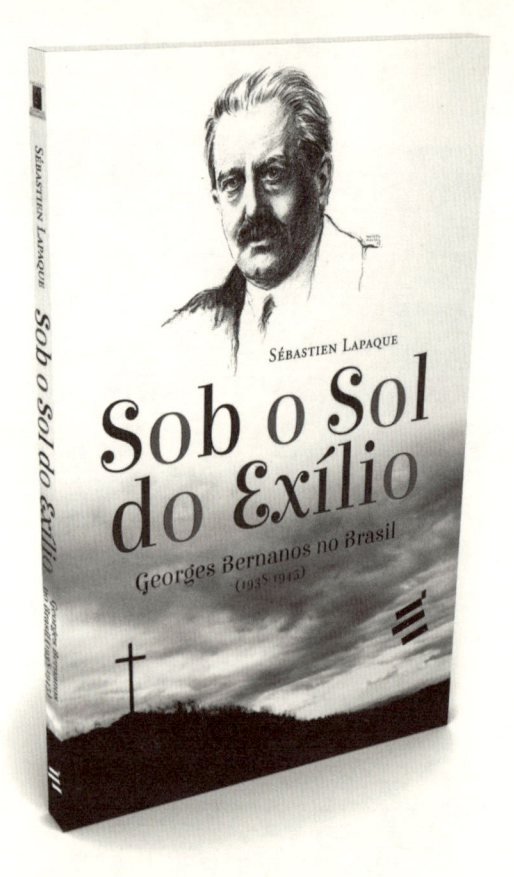

Georges Bernanos, o "Dostoiévski francês", viveu no Brasil no período de 1938 a 1945. Neste livro, ao mesmo tempo viagem investigativa e exercício de admiração, Sébastien Lapaque rastreia as relações de Bernanos com intelectuais brasileiros e com o homem do povo; fala dos sonhos de uma "Nova França" em território latino-americano e do sofrimento com os rumos da Europa; e trata da presença brasileira nas obras de Bernanos aqui redigidas. Uma obra generosa com o Brasil e repleta de esperança cristã.

facebook.com/erealizacoeseditora

twitter.com/erealizacoes

instagram.com/erealizacoes

youtube.com/editorae

issuu.com/editora_e

erealizacoes.com.br

atendimento@erealizacoes.com.br